JN107592

「犬」たちが伝えてくれる本当の気持ち

アニマルライフクリエイター
関根 友希子
Sekine Yukiko

ＫＫロングセラーズ

まえがき

一匹でも多くの犬の気持ちを知りたい。

ただそれだけで私はこの七年間動物に関わる仕事をしてきました。私が今まで活動できたのは、出会った飼い主さんや、友人たちからの口伝えで支えられてきたお陰です。

ご縁をいただいた方々は、ビジネスを超えて私生活でも大事にしたい存在の方たちばかりでした。どのご家庭も、ご自身のペットに対して大きな愛を持って育ててこられていました。

それでも、人間と動物の間には言葉の壁があります。こちらが言いたいこと、伝えたいこと、良かれと思ってしたこと、それが全て動物にとって大正解、欲しかったものとは限りません。

これは人間関係でも同じではないでしょうか？

私は二〇一九年、アメリカから帰国しました。生まれ育った東京ではなく、大阪という街で生活を始めましたが、同じ日本人であるにも関わらずここまで違うのか？　と戸惑うこともたくさんありました。

言葉が通じるだけでも有難い。海外生活が長かった私は、言葉の壁で辛い思いもしてきましたので、誰も知らない土地でも、言葉が通じることの有難さ。

しかし、いざ暮らしてみると標準語と関西弁、イントネーションが違うだけで言われたことに対して私はドキッとしたり。

その反対もあり、標準語の私の表現と長い海外生活の私の表現方法は、人情を大事にする関西の人たちには、とてもドライに聞こえてしまったり。

お互い心の奥底にあるものは同じなのに、言葉だけでキャッチするととんでもない勘違いが起こってしまいました。

人間同士、まして同じ国籍同士のコミュニケーションでさえ、すれ違いもあるなか、言葉の通じない動物にどうやってこちらの気持ちを伝えたらいいのか？　また動物の気持ちをどうやって知ることができるのか？

まだアニマルコミュニケーションというコミュニケーション方法を知らなかった時期、愛犬の健ちゃんの体調不良の際、気持ちがわかったら、と何度も何度も心の中で叫びました。あの時の悔しくてもどかしい気持ちは今でも忘れません。代われるものなら私が全て受け入れるのに。少しでも健ちゃんが楽になれるように、それだけを願う日々がありました。

多くの飼い主さんが動物の気持ちを知りたいのは、その子が元気な時よりも体調不良や体が言うことを聞かなくなった場合の方が多いのではないでしょうか？　どの飼い主さんも動物の喜ぶ姿を見たい、そしてその喜びと共にいつまでも暮らしていきたい。そういう飼い主さんたちに私は数多く出会いました。

アメリカで動物の保護活動のボランティアをしていた時、問題行動がエスカレートしすぎて、手に負えなくなった犬たちを泣く泣く手放す飼い主さんは少なくありませんでした。

だけど「私たちではもう無理。お互いの幸せのために」と、この選択を取った飼い主さんを責めることは誰にもできませんでした。

動物たちは保護施設という新しい環境の中で、いきなり困難な状況に置かれます。私たちが少しでも楽しい環境を作る努力をしても、今まで家族と共に暮らしていたところに比べたら雲泥の差です。

嗅覚の鋭い犬たちにとって、毛穴や尿から発する他の犬たちのストレスの匂いで精神的にやられてしまいます。

一日でも早くこの施設から出られるように、私は九年間ボランティアしていた時に、二つだけこの子たちと守っていた約束があります。

それは、どんな状況でやって来ても、ここに来た犬たちに「よく来たね～」「一緒に遊ぼう！」と喜んで受け入れることをしていました。私との時間は、彼らが存分に甘えられるように、思いっきり遊んで心のブロックをどんどん外すことに専念していました。

もう一つは、とっておきのおやつを持って行くことでした。美味しいものは人間同様、犬たちの心も開きます。

「私との時間は美味しいものを食べながら、思いっきり遊ぼうね！」と約束をしていました。

一度不信感を覚えた犬たちと信頼関係を育むには、ゆっくり時間をかけて同じ時間を過ごすことと、美味しいおやつを持っていくことで仲良くなれることが多いものです。

しかし、心を閉ざした犬、慣れない場所で緊張している犬たちは胃が閉ざされていて、なかなか食欲が湧きません。信頼できる人からでなければ、与えられた食べ物を口にすることもありません。

「大丈夫！　私が一緒にいるよ！」そうやって私は犬たちが大喜びするおやつをいろいろ持ち、ボランティア活動をしていました。私の秘密兵器は、愛とおやつと私です。

そうして私は彼らに対して安全な存在だということを知ってもらいました。

ボランティア活動だけでなく、仕事の面においても、私自身とアニマルコミュニケーションは、動物に安心安全な場所を作り、彼らの最高最善な姿を導き出すお手伝いをし、彼らが健康的で元気に生活できることを理念として邁進してきました。

それらの日々で出会った犬たちとの出来事や、教えられたことを綴りました。

読んでいただいた方々に伝わり、少しでもお役に立てれば幸せです。

関根友希子

#「犬」たちが教えてくれた本当の気持ち／目次

1章　犬の世界へようこそ

2章 犬も神様と約束をして生まれてくる

3章 アニマルコミュニケーションは誰でもできる

4章　私の〈まぼろし〉プロジェクト

5章　犬と繋がる時

6章　犬から学ぶドッグトレーニング

プロローグ
――犬たちの本音は、一度〝本人〟に聞いてほしい

ある日突然、小さなわんこがやってきた

私は二〇一三年からアニマルライフクリエイターとして活動しています。アニマルコミュニケーションを通して、動物の声を代弁し、ご家族との生活がより楽しく、お互いが一生幸せに満ちたものへ、そして、限りある命を全うできるようにといつも願って犬たちと向き合っています。

一匹一匹に合わせたオリジナルトレーニングや、住環境の見直し、食事内容や健康管理などを含めた、実践型コンサルティングをアメリカのカリフォルニア州から始めました。飼い主さんたちが一番理解しやすい形でメッセージをお届けして

います。

最近はペットブームということもあり、多頭飼いのご家庭も増えました。飼い主さんの中には、一匹でいるよりもお友だちがいた方がいいかしら？　ともう一匹新しい子を迎えることが少なくありません。

しかし、多くの先住犬は、「先に聞いて欲しかった」と言います。

なぜなら、多頭飼いが嬉しい愛犬ばかりではないからです。

犬たちにも感情があり意思があります。

日本に帰ってからの出来事です。

ある日、他で飼われていたワンちゃんが先住犬のいる飼い主Tさんのお宅へ引き取られました。

今までたった一人で楽しく暮らしていたマックスのところに、ある日突然小さくて真っ黒なわんこ、ジェイがやってきたのです。

目の前の小さな黒い塊が、落ち着く気配もなく、チョロチョロ動く。このジェイの姿に、マックスは次第に次第に苛立ちをつのらせました。

我慢の限界がやってきたある日を境に、マックスはこの子を痛めつけることを始めました。もめ事が絶えないこの二匹の間で、仲裁に入る飼い主さんの腕は噛まれた傷が増え、血だらけになってしまうこともありました。

ジェイがやって来たこの一年間で関係性はどんどん悪くなり、マックスは本気でジェイを噛み、ジェイが病院に運ばれることもありました。ついに、飼い主さんの目の届かないところで、二匹を一緒にすることはできなくなっていました。

なんとか改善できるようにと、ほぼ毎日トレーナーに預けましたが、効果なし。自分でできることがあればと、アメリカで有名な問題行動のスペシャリストのDVDを全部、何度も何度も見たけれど、改善されることはありませんでした。

聞いてない！　僕は納得していない

そんな時、知人の紹介で、私が呼ばれました。

豪華なマンションのドアを開け、一歩家の中に入ると、そこは犬のおしっこの匂いが充満していました。その匂いはただのトイレの失敗と言うよりも、ストレスを感じさせる匂いでした。

ジェイは家の中でマーキングが止まらず、どこでもおしっこをしてしまっていたのです。

マックスは手が付けられないくらい凶暴化し、ジェイは、いつも噛まれてしまう。その間に入り、もうこれ以上何をしたら良いのか手立てがない様子の飼い主さん。腕には最近噛まれた跡が痛々しく残っていました。

私は、一匹ずつお話しすることにしました。もう一匹は別の場所で待機。動物と話す上でもエチケットは大切です。プライバシーは守ってあげなければなりません。

マックスと飼い主さんと三人になると、いきなり怒り口調で、

「聞いてない」

「ずっと一人で楽しかったのに」

怒りで目をつり上げ、怒りをぶつけてきます。

何度も何度も私に同じメッセージを送ってきます。

マックスにとって、一人の時間は何よりも大切で、飼い主さんと二人の生活がとても楽しかったと言うのです。

「ママは変わった。いつも怒ってばかり」

「どこに行くにもアレが一緒。つまらない」

声を聞いていると、子どもが涙を溜めながら、精一杯自分の気持ちを吐き出そうとしている姿と重なりました。

「マックスは悪くないね」

「つらかったでしょ？」

「今どうしたい？　全部伝えるから、教えてくれないかな？」

「前みたいにママと二人だけでお散歩がしたい」

今度はマックスから映像で送られてきました。まるで映画の上映会。

あの黒い子（ジェイ）が来るまでは、ママと一緒に楽しく穏やかな生活を過ごしていたこと。

ママはいつも楽しそうに笑ってくれたのに、今は怒った顔ばかり。ずっと怖い顔しか見たことない。

全然撫でてくれないで、いきなりブラッシングで毛を引っ張って痛いことをしてくる。だから噛み付いたり唸るしかできないんだ——そんな映像が見えてきました。

それからマックスの希望を聞きました。今の望み、喜びや嬉しいと感じることを聞きました。

「前みたいにママと二人だけでお散歩がしたい」

「前みたいにママとの時間が欲しい」

「前みたいに褒《ほ》めて欲しい」

「おやつに白菜の芯をシャキシャキたくさん食べたいな」

この子は一年前の居心地が良かった時に戻りたかったのです。

毎日少しでも良いから二人の時間が欲しかっただけなのです。

そして、最後にマックス本人が飼い主さんに質問をしました。

「なぜ新しい子を迎え入れたの？」

「おばあさんに飼われていたけれど、事情で飼えなくなったからここに来たの」

と理由を伝えると
「一緒に住むことを、きちんと教えて欲しかったな」

「前もって教えてくれれば、僕だってあんなにいじめたりしなくてすんだのに。

怖い思いをたくさんさせちゃったから、可哀想だったね」

一年間のストレスがやっと解消されました。ジェイが、前の家族のところに戻れないことを知ると、わだかまりが溶け、受け入れることができたのです。

犬たちは想像以上に私たちを観察しています。よく見ていて、感じ取っています。言葉がない分、感情はストレートに行動に映し出されます。

どんなトレーニングの方法論よりも、普通にただ私たちの気持ちを素直に伝えていくだけで、犬たちに伝わります。日本語で大丈夫です。

いきなり犬の問題行動をなくすためのトレーニングをするのではなく、まずは、その子の住環境から見ていくと、この子が今現在、何に対してストレスを溜めているのかが浮かび上がってきます。

それらを一つずつ紐解いていけば、犬の声が聞こえなくても自ずと答えが見えてきます。

多頭飼いであれば、一匹ずつの時間を毎日作る。

「お互い特別な存在だよ、大好きだよ」って、それぞれに愛を注いであげること。

とてもシンプルだけれど、犬たちにはそれが、とても大切なことなのです。
たったそれだけで、犬のストレスから起こる問題行動は消えてしまうことが多いのです。

ずっと、おびえていたジェイの言い分

小さくて真っ黒なジェイは、とても明るくて気さくな性格。子犬の頃から可愛がられて育ち、好きなことを何でもさせてもらえていたので、恐怖心という感情は彼の心には存在しませんでした。

ある日、新しい家に連れられたジェイ。先住犬のマックスがいました。彼に会った時も、仲良く今までのように暮らせると思っていました。

だけど、日が経つに連れて徐々にエスカレートしてくるマックスの態度が、ジェイに恐怖心を植え付けていきました。

何をしていても、ずっと睨《にら》まれている感覚。じーっと監視されている。だからと言って、それについて何か言うわけではない。

ジェイはこのジトーッとした波動がとても居心地悪く、自分を守るためにどうしたら良いのかわかりませんでした。

この家の中で自分の存在を認識できるように、自分で確認できるようにと、ある時を境に家中あちこちでマーキングを始めてしまいました。

家にいても居場所のない感覚。それはマックスも同じ。お互い居心地の悪い環境でした。

ジェイはずっと、おびえていました。

どこに行くのも一緒、何をするのも一緒。

少し譲歩して、マックスのご機嫌を取ろうとしても、逆に自分を出しても、どちらにしても噛まれたり飛びかかられたり、命の危機を常に感じていました。

「もう、どうしたらいいの？」

「邪魔って言うけど、どこに行けばいいっていうの？」

「ママが家にいなかったら、本当に怖いんだけど……」

「ママはそんな気持ち知ってるのかな？」

飼い主さんは、この二匹の関係性を改善できるよう、毎日二匹をドッグトレーナーに預けていました。

ここからジェイの感情と思考は止まってしまいました。

「ドッグトレーナーは全然僕のことを見てくれない」

©toiro photograph

「何かさせようとしているけど、それの意味がわからない」

「側に寄りたくないから逃げ回っているのに、落ち着かないって言われる」

「あれダメこれダメ。

ダメなところを見つけるのが大好き。ママに言いつけるばかり。

ぜんぜん楽しくない！」

毎日、ママとの時間が欲しい。ご褒美に焼いたサツマイモが欲しい

ジェイと飼い主さんの三人になるといきなり私の膝に乗り、安心できる場所を確保できたと認識するとジェイは正直な気持ちを伝え始めました。

「今まで意味がわからないことばかり」

「本当に怖かった。どこに行っても居心地が悪かった」

悲しくて仕方がなかったことも、トレーニングに行くのもイヤで必死に抵抗したのにママが気づいてくれなかったこと、全部彼が見てきた出来事を映像にし、それと同時に彼の感情を私に投影して、ジェイの心の中を教えてくれました。

私の心の中は、ジェイの感情でいっぱいに埋まりました。

目の前の小さな真っ黒な子が送ってくる、この一年間の出来事のドラマを見て涙が溢れてきました。こんなに小さな身体で、よく今まで頑張ったね。嫌な出来事や大きなケガで病院まで運ばれたにも関わらず、体調も崩さず顔つきも性格も変わらず、本当によく耐え抜いたと感じました。

彼はマックスの気持ちも、間に入るママの気持ちも痛いほど理解していました。持ち前の天真爛漫な性格もあり、仕方がないかな？　と、どこか受け入れる強さを持ち合わせていました。

「今も生きているし、寝られるしね。ママはマックスに対してより、僕に優しく接してくれる。おしっこを家の中でするくらいならいいかな？」

ジェイの小さな抵抗です。

ジェイからのリクエストは、

「トレーニングにはもう二度と行きたくない」

「お散歩は別々に行きたい」

「毎日ママとの時間が欲しい。膝の上で『良い子、良い子』って言ってね」

「それから、お散歩から帰ってきたらご褒美にさつま芋が欲しい。

でも、ママの作るふかしたお芋じゃなくて、袋に入って売っている焼き芋がいいの」

「ストレスや我慢が溜まると家の中でマーキングしちゃうからね」

ジェイはそう伝えて、これからはマックスに仲良くしてもらえるように自らテレパシーでお願いをしていました。

犬のリクエストはとてもシンプル。ただ心を満たしてくれたらいい

マックスが同じ部屋にやってきました。

さっきの顔つきとは全く違う、穏やかな優しい目をした顔で部屋の中に入ってきました。ママからおやつをキッチンでもらう二匹は、お互い嫌がることもなく、マックスが威嚇することもなく、ほどよい距離感を保ちながら、食べていました。

その日以来、今までとは違う日常が始まりました。

一匹ずつお散歩に出かけることで、今まで満ち足りていなかった心のコップのお水がどんどん貯まり、お散歩から戻ると喧嘩が一切なくなりました。

そして、これまではお留守番の時、一緒に眠るなんて怖くてできなかったのに、今では一緒のお部屋でケージなしで仲良く寝ています。

「犬のリクエストはとってもシンプル。ただ普通に心を満たしてくれたらいいの」

「犬の習性を知ってくれたら、問題は解決できるんだよ。」

私は今まで多くの犬たちからそう教えてもらい、改めて彼らの目線に意識を合わせ呼吸のリズムも合わせていくと、誰にでもアニマルコミュニケーションはできるのだと実感しました。

1章 犬の世界へようこそ

犬のことを知りたかったら、子犬が全部教えてくれる

私のドッグトレーニングは全て犬たちから教えてもらいました。様々な犬たちが目の前にやって来ては、私の行動一つ一つに対して評価をくれました。そこについてくる彼らの感情も、私が経験しているかのようにリアルに感じ取ることで、犬たちの喜びから痛みまでしっかり理解できるようになりました。

犬たちの評価とは、コミュニケーションです。言葉は通じないけれど、心が通じている安心感。明らかに犬たちが私の心を理解してくれていました。

フレンドリーな対応、お腹を見せて自分から下手に出る、かと思えば唸る、吠える、飛びかかる、突然噛みついてくる……。

いろいろな形で私の立ち方、手の振り方、目線の置き方などの仕草、声のトーンや話し方など、それはそれは細かく指導が入りました。

それらを教えてくれた私の最初のドッグトレーナーは、子どもの頃に飼っていたシーズー犬のメイちゃんでした。

愛犬の健ちゃんと共に暮らしてから、様々なところで学んだドッグトレーニングや動物行動学のアカデミーの授業の内容で、私はメイちゃんから言われたことが全て腑《ふ》に落ちました。

理論的な角度から犬のことを知ると、メイちゃんから日々教えられた犬の気持ちがパズルのピースが合うように一致したのです。

犬たちは今この瞬間、瞬間に生きています。毎瞬その都度行動が変わります。表情が変わります。とても敏感に私たちの動きを見て感じ、それを身体で表現しています。

それを体当たりでぶつけてきたのは健ちゃんでした。

二〇〇七年、私はパグの健ちゃんと出会いました。

健ちゃんが我が家へやって来たのは生後九週目に入った時。

健ちゃんには六匹の兄妹、そして両親がいました。

お迎えに行った時には、まだ他の子たちの行き先が見つかっておらず、全員一緒に暮らしていました。

いよいよ一緒に帰ろうと立ち上がると、健ちゃんは最後に自分のお父さんの所まで歩いていき、しばらくじっと目の前に立っていました。

その姿を見て誰もが、お別れを伝えているのがわかる光景でした。

わずか生後九週目の子犬でも、自分の置かれている状況をしっかり理解している賢い子犬たち。

この子たちなりのお別れの儀式があるようです。

最も付き合いやすく、話がわかるのは六歳前後の犬たち

アメリカで九年間保護活動のボランティアをしていた私は、様々な犬たちに出会いましたが、最も付き合いやすく理解度の高い犬たちに、共通して言えることがありました。

それはある年齢でした。

いくつだと思いますか？

六歳前後の犬たちです。

犬種にもよりますが、人間の年齢で言うとおよそ四〇代。

とにかく性格が落ち着いています。

物事の分別がつき、自分自身も周りのことも空気が読めることが多くなる年齢です。

これは人間でも同じかもしれませんね。私も四〇歳を超えた頃から、三〇代までとは違う物の見方や感情との付き合い方ができるようになりました。

六歳前後の犬が落ち着き、コミュニケーションが取りやすくなるというのはアジリティー（犬の障害物競走）の世界でも言われていることです。

健ちゃんの場合、アジリティー公式大会デビューをした二歳半の時は、夢に描いたような華々しいものとは程遠く、赤面の連続でした。

練習の時とは違い、会場には大勢の犬たちがいます。興奮して吠え続けている犬たちも多くいます。

そんな中で走るわけですから、二歳半とは言え、まだ精神的に子供の犬たちにとって、周りが見えなくなるのも仕方がありません。

健ちゃんは、スタートと同時に隣のリングまで一直線に走っていき、そのコースを走ろうとしていた犬を無視して自分がその中で走り回ってしまったのです。

興奮した健ちゃんを追いかけて、捕まえようとする人たちに気づいた健ちゃんは、追いかけっこと勘違いしてリング中を走り回り、楽しみ始めてしまったのです。

また、子犬の頃から一緒にアジリティーをしていた親友のボーダーコリーのドレイクも、この日、待ちに待った公式デビューにも関わらず、興奮しすぎて最後に審判を噛んでしまい、しばらく出場禁止処分に。

四歳頃までの健ちゃんも、アジリティーの練習や大会で、興奮する気持ちを抑えきれずフライングでスタートしてしまったり、他のリングへ走って行ってしまったり、そんなことはよくありました。周囲の人は、「六歳になってくると変わってくるよ」と私たちをよく慰めてくれました。

アジリティーはボーダーコリーのために作られたと言われています。そのボーダーコリーですが、元々は牧羊犬として飼われていたイギリス生まれの犬種。目で羊たちの動きをキャッチして、俊敏俊足な身体で周囲の危険から身を守り、必要な時は彼らを誘導したい方向へ一匹残らず囲っていくことを得意とする犬です。人間に指示され、その通りに動くことを得意としている頭の良い犬種です。その習性を生かしたアジリティーでは見事な走りを披露してくれます。

性格はとても穏やかな犬が多いのですが、目から入る情報に反応するので、そこからの情報を処理する能力と、俊敏な身体を生かすことを日常生活に取り入れてあげなければなりません。

ただの散歩だけでは飽き足らず、その中に頭を使うこと、仕事として自分の才能を生かせることをしてあげないと、常に落ち着きのない犬と判断されてしまうケースも少なくありません。

心身ともにやりきったと感じられるようにするには、アジリティーやフライボール（フリスビーを投げて取ってくる競技）や羊飼いをゲーム化したものなどで彼らの才能を存分に生かしてあげる必要があります。

健ちゃんも大分落ち着き、周囲が見えてくるようになったのは六歳を過ぎた頃からでした。

大人の犬の良さもあるんだよ

しかし、顕著に現れたのはやはり、子犬の頃から知っているボーダーコリーでした。大会でも多くのボーダーコリーを見ていて、子犬から始めたアジリティーが馴染み出すのは、やはり四歳五歳を超えたところからでした。

アジリティーを本格的にしている人たちに、母親の性格や血筋を大事にする人がとても多いのはそのためです。

飼い主さんたちは、犬たちの性格をよく感じ取り、結果を求めるのではなくて大会に参加するプロセスを存分に楽しんでいる人たちが多くいました。

初めて飼うボーダーコリーの飼い主さんたちに、温かいアドバイスをしている人たちにもたくさん会いました。健ちゃんはボーダーコリーではありませんでしたが、興奮している健ちゃんをみて、様々なアドバイスをくれた人も少なくありませんでした。

保護犬の中でも、六歳前後の犬たちが施設に保護されても、スタッフはこの子たちに関してはあまり心配していませんでした。性格的に落ち着いている、何となく空気が読めると私に教えてくれて、他の犬たちとの違いをよく観察するようにと、ボランティア活動を始めた頃アドバイスをもらいました。

初めて犬を飼いたいという人たち、子どものいるファミリーがやって来た時は、そのご家族のライフスタイルを聞きながら、子犬よりも六歳前後の犬たちを紹介する機会が多くありました。

もちろん、犬種や性格によってもっと若い時から落ち着いている子も多いと思います。反対に六歳になっても子犬のようにやんちゃな犬たちもたくさんいます。決めつけることはできませんが、高確率でお互いの需要と供給にマッチするのはこの年齢が多かったのです。

愛犬を探しにやって来たご家族は、出会った犬たちが我が家で思い切り犬生を全うできる環境を作りたいと、愛と思いやりを抱いてきます。

頭を少し下げて尻尾を振りながら近寄っていく犬に対して、

「やっと会えたね」

そう言って温かく保護犬を迎え入れてくれる子どもたちの声を聞いて、涙しているご両親の姿を幾度も見ました。

犬を飼う時、犬種や年齢よりも、飼い主さん側のライフスタイルと一致しているのか、そこが最も大事です。これから出会う犬たちとどんな人生を送りたいのか？　まずはそこから！

寄り添うことを選択した、衝動性の強い犬ナイン

怖がりのナイン。

犬の怖がりにも、いろいろなタイプがあります。ナインの場合は衝動性多動症気味の性格を持ち合わせた犬でした。

とても大きく、黒のラブラドールとピットブル、それから猟犬のミックス犬。活発で力の強い犬でした。

二本足で立つと、一六三㎝の飼い主さんを超えてしまうくらいの大きさでした。

五歳のナインは散歩に出ると、ハアハアと息が荒くなり、あちこちキョロキョロする行動を始めます。そして、他の犬を見つけた途端、大きな声で吠えながら思い切り走り出す衝動性に、その場にいた人たちは足がすくんでしまうくらいの迫

力も持ち合わせていました。

この衝動性は、先天性のものに加え、混じり合った犬種の習性の気質がはっきり出ていました。彼と生活するにはそれぞれの犬種について理解できている人でなければ、とても難しいと言われていました。

元々の気質に加え、ナインの生い立ちも関係していました。生まれた時から母犬や他の兄弟犬と過ごす時間が無かったために、犬として学ぶ社会性というものを全く知らずに育ったナイン。

生後八週で他の家族に引き取られて以来、その家族と共にトレーニングを受けることもなく、犬としてのマナーがわからずに育ちました。とうとう手に負えなくなった飼い主さんは一歳を超えたところで、シェルターへ戻すことにしたのです。

一歳三カ月の時、六〇代半ばのスーに引き取られました。彼女が飼っていた過去の犬たちも大型犬。しかも、いつも気難しい犬たちばかり。

シェルターでも問題行動の多い犬たちのリハビリ・トレーニングをメインにボランティアをしていた彼女は、ナインにもう一度新しい犬生を送らせてあげたいと手を差し伸べました。

散歩や外出をしたり、他の犬の存在がわからなければ、ナインは全く問題ありませんでした。大人しくて、とても人なつっこく、大きな身体を私の膝に乗せて来て、永遠に撫でることをリクエストするような甘えん坊の犬でした。

ナインの飼い主さんはナインの性格を細かく分析し、問題行動のスペシャリストとじっくり時間をかけながら、衝動性が出ないように家の中では心地よく穏やかに暮らせる工夫を重ねていました。

例えば、食事やおやつに関しては、グレードの高いものしかあげない。また、毎晩寝る前に、牛の大腿骨など大きな生骨をあげて、噛むことでストレスを十分に発散させる。

日中はなるべく庭に開放して太陽光を浴びたり、ノーズワークなど脳と身体を使うゲームで疲労できるようにして、バランスをとる。

それから、スーが最も大切にしていたのは、ナインを優しく褒《ほ》め、良いところを引き延ばすように育て、自己肯定感をあげていくこと。

また、今までは薬で彼の衝動性を押さえていたのを、ＣＢＤというヘンプの代替医療に切り替えました。薬のように大人しくはならないけれど、ある程度衝動性が出ても自分でコントロールができる精神バランスの強さを育むことを選択しました。


私がナインのペットシッターを依頼されたのは、長年共に同じアニマルシェルターでボランティア活動をしていたため、価値観が似ていることと、アニマルコミュニケーションで彼の心が少しでも解放されることを期待していたからでした。

スーの旅行中、私はナインと暮らしました。

毎日一緒に生活をしていて、少しずつナインに質問をしてみました。

「なんで、こんなに大事にされているのに、いつも心の中は寂しそうなの？　満たされてない感じがするけど……」

「僕は一人では生きていけないんだよね」

「スーの寂しさも僕は一緒に感じているんだよ」

「だからスーに寄り添うことを選択したんだ」

一人暮らしのスーの中にもある、一人でいる孤独感や癒されない気持ち、寂しさが、ナインが来てくれたことによって、彼女自身の中で大きな癒しとなり、安心できる居心地の良い空間を作り上げることができていました。

ナインとスーはお互いが必要な存在であり、仲間であることをナインは私に淡々と教えてくれました。寄り添うことで、お互いの存在を認め合い、助け合い、支え合い、守り合う対等な関係性ができていました。

「いつも見ていてくれるからね」

私に顔の周りを撫でられながら、うっとりした顔でそう伝えたナインにとって、家の中と裏庭でのんびり昼寝をしたり、骨をかじっているだけで十分幸せな毎日を送れると感じ、その犬生を選択しました。

散歩によって、無理やり苦手な外の情報を入れる必要もない。元気で体力が有り余っているはずの大型犬が、庭でキャッチボールをしたり、宝探しのゲームをするだけで十分。「それが僕には最高の人生！」そう教えてくれました。

欲しいのは、いつも見てくれている安心感

「いつも見ていてくれるからね」

この言葉を聞いた時、一つ思い出したことがありました。アメリカ在住時、最も

幸せな犬生を送っている犬たちに出会いました。

それはホームレスが飼っている犬たち。

雨つゆをしのぐ部屋があるわけではなくて、いつもトレイルや道端で寝ていて、ご飯だって毎日あるわけではないかもしれません。

だけど、いつも飼い主さんと一緒に過ごし、言葉が通じなくても心はお互いを必要とし、寄り添って生きている。

そして何よりも気ままに、その時、好きな自然の中で守られながら寝泊まりできることは、犬たちにとって幸せこの上ありません。

彼らは全くトレーニングなど受けてもいません。首輪につなぐリードは、紐かロープ、しかし、彼らはとてもお行儀が良く、通りかかった人たちや犬たちに吠える、飛びかかる、噛み付くことなんてありませんでした。自分たちの置かれた状況から人間と共生する術を学んでいったのです。

むしろ気をつけなければいけないのは、ペットたち。その犬たちに合わないトレーニングを受けたり、過度に擬人化されて育った犬たちの方でした。

ホームレスが飼っている犬は栄養バランスの取れた食事や新鮮な水がいつもあるわけでもなく、春夏秋冬外で暮らし、シャンプーなど一生されることもない、格好いいリードや首輪、可愛いお洋服、ふかふかなベッドがあるわけでもありません。

だけど、彼らを見るたびにとても幸せそう！

心が満たされることと、物質的に満たされることとは比例する訳ではないと教えてくれました。

何をしていても、していなくても、いつも信じて認めてくれる仲間が存在することが何よりも心を満たすことなのでは？　それは犬も人間も同じではないでしょうか？

結婚式に飼い主さんと旦那様にリングを届けたレイシー

私に今の「アニマルライフクリエイターとして生きなさい」と、その背中を押してくれたのはレイシー、ボクサー犬でした。

レイシーとの出会いは、飼い主さんが二カ月後に控えた結婚式の際、リングガールとしてレイシーに立ち会って欲しい。その時のレイシーのサポートとして依頼されたことでした。

レイシーは気難しく、誰とでも気が合う訳ではない犬でした。式の四カ月前からドッグトレーナーを探していましたが、なかなか見つからず、最後に私のところに話がやってきました。

「やっと会えたね」

初めて会ったレイシーはそう私に言いながら、目の前にやってきました。苦手な人に対して警戒心をむき出しにすると聞いていたレイシーが、私の目の前にやってきてゴロンと横たわり、身体を触らせてくれる仕草を見せてくれたことに飼い主さんも私も正直驚きました。

その日から、レイシーとの関係性を深めるために毎週二日間の散歩と、結婚式の一カ月前からは会場でのリハーサルのスケジュールが始まりました。

しかし、出会ってから一カ月半が経った頃、レイシーは突然脳梗塞を発症、右半身がうまく動かなくなり、首も横に傾いた状態になってしまいました。

そんな状態でも、バージンロードをゆっくり歩きながら飼い主さんと花婿さんにリングを届けたレイシー。結婚式は無事に終わり、飼い主さんは新婚旅行で一週間フロリダへと旅立ちました。

そこからの一週間、知り合いの家に預けられたレイシーはその家で飼われている六匹の犬たちの元気なエネルギーに癒され、こちらが驚くほどの回復を見せて、最後は小走りまでできるようになっていました。

「最高のアニマルライフクリエイターとして生きてね」

私が運転中に電話がかかって来たのは、それから三日後のことでした。元気になったレイシーが、フロリダから戻って来た飼い主さんの元へ帰った二日後のことでした。

レイシーが再び大きな発作を起こし、回復の兆しが全く見えず、苦しそうな姿で病院に運ばれたため、「彼女を安楽死させる」ことを決めたと電話口で大泣きしながら、ほとんど聞き取れない会話でした。

あまりの突然のことで、混乱した私も運転どころではありませんでした。

それから数日が経ち、レイシーが私の夢に現れました。

「最高のアニマルライフクリエイターとして生きてね。たくさんの動物が待ってるから。それが役割だからね」

この時の私は、四年半の間アニマルライフクリエイター以外に、毎日深刻な問題行動の犬たちと群れで一時間半歩き、犬たちのリハビリ兼トレーニングをするPack Walkやペットシッターも行っていましたが、それら全てを手放し、本格的にアニマルライフクリエイターとして活動しようか悩んでいた矢先でした。

私にとって、アニマルライフクリエイターはただ単に動物と会話ができる人間だと思っていません。

生きている犬たちは顔の表情や仕草からもメッセージを伝えています。それは時に問題行動として現れ、トレーニングを必要とする場合もあります。

また、食事や健康面、住環境、飼い主さんとの関係性の見直しなども含まれています。メンタルな部分と身体的な部分をトータルで伝えられるように。そして犬たちが秘めている可能性を最大限に引き出す役割だと思っています。

今まで順調に進んでいた三つの柱から、一本に絞ることをしたいけれど怖がっていた私に、背中を押したのはレイシーでした。そこからアニマルライフクリエイターとして、犬たちと本格的に向き合うことを決心しました。

彼女が最後に天国に旅立つ前に、私に伝えてくれた大事なメッセージ。

今の私があるのも、全くあてもないのに日本に帰国して生きようと決めた時、不安を消し勇気づけてくれたのは、あの時のレイシーのメッセージがあったから。

今でも不安になると、私が思い出すのはレイシーからのあのメッセージ。

「Be the Animal Life Creator」

「アニマルライフクリエイターとして生きてね」

2章

犬も神様と約束をして生まれてくる

「ご主人と出会うために生まれて来て、探している」

『神様との約束』というドキュメンタリー映画をご存知ですか？　私たちは自分のお母さんを選び、この世に生まれてくる直前に神様と自分のミッションを約束します。そのことを覚えている子どもたちの感動的なお話です。

神様と約束するのは人間だけではありません。

これは、あるミッションを持って生まれ、神様との約束を果たすべく、使命に生きているある一匹の犬のお話。

物語は、一〇年以上前の秋にさかのぼります。

飼い主となるご夫妻の家にはペットはいませんでした。

奥様の方はずっと犬を飼いたがっていたのですが、ご主人は子どもの頃から生き物を飼ったことがなかったため、犬を飼うことに抵抗がありました。

しかしその年の夏、一人の女性と出会ったことで状況は一変します。

その女性というのは、サイキックリーディングをする方。

ご主人は目に見えない世界を全く信じていませんでした。

でも、とりあえず話を聞こうと、彼女からリーディングを受けました。

「最近、ある生き物がご主人と出会うために生まれて来て、探している」というメッセージが届きました。

彼は全く想像していなかったメッセージについて信じていなかったのですが、ある生き物を勝手に犬だと思い込んだのは奥様です。この数カ月前から盛んに犬が欲しいと説得に回っていたからです。

絶対に犬に違いない！　と、生まれてきた命、子犬を探すことを決意します。

だけど、

どうやって？？？？？

しかも、この広いアメリカで生まれたばかりの子犬は星の数ほどいます。

ある日、奥様の職場の同僚から、「週末に近所でペットフェアがあるわよ」と、教えてもらいました。

ペットフェアとは、年に一度開かれるペットのお祭りです。

ペット用の様々なフードやグッズ、それからレクチャーなどが開かれ、愛犬が一緒に参加していると、たくさんのおやつやご飯のサンプルがもらえ、ワンコちゃんたちにとってはまさに天国のような場所。

また、このフェアには保護活動をしているグループのブースが出展され、多くの犬や猫、鳥やウサギなどをアダプト（譲渡）することが可能です。

残念ながら、このペットフェアでご夫妻が出会えたのは子犬ではありませんでした。

出会ったのは、日本人の獣医さんと、オープンしたての犬用デイケアのオーナーでした。日本人が滅多にいないこの地域で、日本人の獣医さんに出会えたのは奇跡に近いことでした。

またデイケアの施設は、昼間一人でお留守番の犬たちを預かるだけでなく、お泊まり用の個室が完備されていました。その上、子犬たちの社会性を身につけるクラス、その上のトレーニングもあるとのこと。

ラッキーなことにどちらも近所。

子犬を迎える際にまず必要な病院と、トレーニング施設が見つかりました。

しかし、肝心の子犬はどうやって探せばいいのか？

全く見当がつきません。

と言うのも、カリフォルニア州ではペットショップでの動物の販売はほとんどないのです。二〇一九年からは禁止されました。

多くの人たちは近所のシェルターもしくは、レスキューグループから探すことになります。ブリーダーから引き取るというケースもあります。

ご夫妻は、毎週末のようにいろいろなシェルターへ行きました。どの子も可愛いのですが、なぜかうちの家族！　っていう感じがしなかったそうです。ある日、ペットショップでパグを連れていた女性に出会いました。

「どうやって、あなたの愛犬を見つけたの？」

すると、サンフランシスコクロニクルという新聞に掲載されているクラシファイド欄を見るようにとアドバイスを受けました。帰り際もう一度、サンフランシスコクロニクルよ！　と念を押されました。

「犬を飼うならパグでオス」

このご夫妻には子犬を探すにあたって、三つの条件がありました。
一、子犬の両親も一緒に見ることができること。
二、家から車で行ける範囲内で子犬をピックアップできること。
三、その犬はパグでオスであること。

なぜこの条件か？

子犬の両親を見れば、その犬の性格がすぐにわかるから。

車で行ける範囲であれば、今後、子犬と両親が会える機会ができるかも。

パグでオスというのは、なぜか、ご主人がこの条件でなければイヤだ！　と言ったから。

サンフランシスコクロニクルの記事には、こう書かれていました。

「六匹のパグの子犬のオーナーを探しています。

子犬の両親とも会えます」

しかも、ご夫妻の家から車で三〇分の距離に子犬たちは住んでいました。

六匹の子パグちゃんたちとその両親はオーナーの元でとても大切に育てられていました。ご夫妻は一目でこのファミリーを気に入りました。

「飼うなら絶対にこの子がいいよ！」

と、真っ先に手渡してくれた子犬はオスのパグちゃんでした。

この子は、ご夫妻の家族の一員となり、新しい生活が始まりました。それから一年が経ち、この子を連れて昨年リーディングをしてくれた女性の元へ会いに行きました。

あの時に届けてくれたメッセージで出会えたことや、それからの話をしていると、別の一人の女性がこの子に興味がありそうにやってきました。

ご夫妻とその女性はあっという間に打ちとけました。

ご主人とは前世、チベット寺院で一緒に生活

この女性は突然涙を流しながら、パグの頭を撫で始め、「良かったわね、会えて」と何度も繰り返しました。

彼女も実はサイキックリーダーだったのです。それからこのパグの前世を話し始めました。その話とは――

この子はご主人とは前世、チベット寺院で一緒に生活をしていました。

前世では、ご主人は修行僧、この子はパグとしてこの時も修行僧のご主人に可愛がられていました。ちなみに、その昔チベット寺院では、パグを神の犬として大切に飼っていたそうです。

通常、犬の方が寿命が短いのですが、この修行僧の方が先に亡くなってしまいました。パグはその後、他の修行僧に育てられ、ご主人のいない余生を過ごしました。

余生が寂しかったこのパグは、もう一度パグとして生まれ変わり、もう一度ご主人と出会い、今度こそ共に人生を楽しみ、思い出をたくさん作ろうと神様に約束したのです。

前世のご主人もチベット寺院で苦行を自ら選択する修行僧で、亡くなる直前に、次の人生があるならば、修行、苦行ではなく思い切り人生を楽しみたいと心に誓って天国に旅立ちました。

突然やって来られた女性は、このパグに出会う経緯を何も聞かされていなかったにも関わらず、ただ頭を撫でながら、なぜこの子が生まれてきたのか話してくれたことで、いろいろなことが繋がり始めました。

「子犬を飼うならパグでオス！」となぜか決めていたのには、魂レベルでお互い再会を約束して生まれてきたからでした。

この子が来てからの一年間、二人はアジリティーという犬の障害物競走のトレーニングを始めていました。

これは二人の共通の楽しみでした。パグは運動が苦手のイメージが強いのですが、この子は走ったり、ジャンプしたり、とにかく体を動かすことがとっても大好きなアスリートでした。

まだ始めたばかりだけれど、いつか一緒に大会に出られたらいいな。

パグだけど、格好良く走れたらいいな。

いつか全米大会で一緒に走ることができたらいいな。

そんな思いを胸に練習に励んでいました。

そして二〇一四年の秋、とうとう二人は全米大会へ出場します。

五〇〇〇匹の犬たちが集まる大きな大会です。

準々決勝、準決勝と勝ち上がり、決勝まで上り詰めました。決勝上位一〇匹中、パグはたったの一匹です。大勢の歓声の中、なんと二位という好成績で表彰台へ上りました。一位との差がたったの〇・三秒！

その時のビデオが、
https://www.youtube.com/watch?v=5tgQonvM2aU
https://www.youtube.com/watch?v=QRV9VXN4BHE

一二歳になった今現在もご主人とアジリティーを楽しんでいます。

12 16

二人の人生は今年で一三年目。
まだまだこれから、たくさんの思い出のページを作ることでしょう。
ちなみに、このパグちゃん、名前はケン。
そう、我が家の愛犬、健ちゃんです。
これからもどうぞよろしくね！

私の今世の使命とは

みんな生まれてくる前に神様と約束してこの地球に生まれてくるそうですが、私は生まれてきた時の約束を覚えてはいません。

でもその約束を思い出す日がある日やってきました。

今の私がなぜこんなにも動物に対して、自分のことのように感じとられるのか？

そして今の社会の中で動物と私たちが幸せに暮らせるように強く願うのか？

その謎が解けたのは……。

今から七年前、グループで行われたワークショップに参加した私は、そこで初めてヒプノセラピー（催眠療法）を体験しました。

その時見た光景は、私が地球上で人間として存在した一番古い魂が映画のように目の前で繰り広げられ、私の今世の使命を教えてくれたのです。

アフリカのある場所。岩の上に立ちながら地平線の彼方に夕焼けの美しい景色の中にいます。私の姿は原始的で腰には戦利品を巻いています。

年齢は四〇代半ばの女子。目はギラッとしていました。

私は丘の上に立ち、その後ろには大きな動物がいて、周りには多くの人が倒れています。私は目の前の大きなイノシシのような動物と石のような武器で格闘し、私の後ろにいる他の生き物から守っています。

この大きな動物と目があった時、息を合わせ戦うのではなく、理解しあってお互いが住むべき場所に住み、同じ土地で共存しようと交渉をしていました。

「ここから先には来てはいけない」それが私の発するメッセージでした。

「人間界と動物界の境界線をもっと自然にしていく」

私はいつもこの大きな岩に立ち、動物界と人間界の境界線の見守り役でした。お互いがいるべき場所にいて、尊重しあえる関係性でいられるようにするのが私の役目でした。

場面は変わり、ジャングルの中にある洞窟の中に私はいました。

寝そべる私は少しだけ意識があり、周りには草花や様々な虫や、鳥も飛んでいます。大小関係なく多くの生き物が、私の周りに私を見送るように囲んでいます。彼らは私が次の場所へ行くのも理解し、見守ってくれていました。息をひきとる時、私はこんなメッセージを残していました。

「次は私の番なんだ」

これは動物界の掟。「次の人生は、もっと楽しく生きたいな」

そして、最後に目を開ける直前、この時の私からメッセージを受け取りました。

「今回この時の動物たちとの関係性をもう一度この世に取り戻すこと。あの頃にいた生き物たちと出会い、巡り合い、共に尊重し、信頼しあった頃のように戻すこと。動物との共存と自然との関わりで、人間界と動物界の境界線をもっと自然にしていく」

それが私から私へのメッセージでした。

私は昨年四六歳の時、突然アメリカから日本に帰国しました。

一八年間のアメリカ在住期間はとても有意義に過ごしていましたが、なぜか突然頭の中で「アメリカ終了」という言葉と、大きなドアが閉められるのが見えました。

その一カ月半後、一二月三一日の便で二〇一九年一月一日に日本に帰国したのです。

3章

アニマルコミュニケーションは誰でもできる

使命は突然降ってきた

瞑想中、突然カミナリのような光と共に降ってきた英単語が私のミッションでした。

一一年前、仕事をやめて自分探しのために瞑想に夢中になっていた時のことです。私は子供の頃から抱き続けていた、自分の使命を一日でも早く見つけたかったのです。

どこかへ勤めても、仕事は面白いしお給料も悪くなかったけれど、全然ピンとこない。転職も何度かしてみましたが、やっぱりしばらくすると何となく手応えがない。

その一、二年前から瞑想を通じて自分とのコミュニケーションをしていた私が、とうとうある朝、しびれを切らして、神様に怒りを爆発させました。

「もう、神様、いいかげんにして！」

「こんなに真面目に自分探しをしてるのに、何で教えてくれないの？」

「ずっと自分と向き合ってるのに、何でいつも無視するの？」

「自分の使命を知りたいのに、こんなに頑張ってるのに全然教えてくれない。今日こそ教えてくれなかったら、もう二度と瞑想もしないし、神様の存在も信じない！」

なぜか神様に逆ギレして、いつも通りの瞑想に入りました。

しばらくすると、急に目の前が明るくなり、身体の感覚もいつもと違うのです。座っていても感じるくらい身体が軽くて、目を開けて身体を見たら透き通って見えるかも——それくらい空気のように軽くて、肉体の重さから離れたような感覚の時、突然頭のてっぺんからつま先まで、雷が落ちたかのような衝撃が走りました。

「動物とコミュニケーションができる人」

同時に、目の前に単語が一つずつ降ってきたのです。

パラパラ落ちてきた単語を忘れないように、すぐに目を開けてパソコンに打った単語は

ANIMAL COMMUNICATION

聞いたことのない単語。

そのままWikipediaで調べました。

「動物とコミュニケーションができる人をアニマルコミュニケーターと言う。中には動物が逃げてしまった時に探し出すこともできる人もいて、FBIの誘拐探

しで依頼される霊能者の動物バージョンであり、社会に貢献している人たち」

そんなことが書かれていました。

読んだ瞬間、これだ！　私のミッションは！！！！

とハートがドックンと大きく動き、やっと自分の中で腑に落ちた安心感。

喜びにあふれた涙がポロポロ落ちてきました。

いざ見つかったけれど、どこで動物と話せるの？　どうやって？

と思って、すぐにまた何かをgoogleで打ちました。

今週末（あと四日後）うちから車で三、四〇分離れたところにあるアニマルシェルターでアニマルコミュニケーションのワークショップが二時間あるとのこと。

何を打ったのか覚えていませんが、googleしたら偶然に出てきたワークショップ。

降ってきた単語を調べて、感動して涙して、ワークショップに登録するまで、わずか五分の出来事でした。

はっきり聞こえた健ちゃんの声

アニマルコミュニケーションのセミナーには愛犬も連れてきてよいと書かれていたので、我が家の健ちゃんを連れて行きました。

アニマルコミュニケーターのマルタは、アニマルコミュニケーションの活動をして二五年のキャリアのある大ベテラン。

一通りアニマルコミュニケーションについて話を聞いた後、

「目の前にいる私の犬から思い浮かぶことを何でも言ってちょうだい。案外パッと思いついた直感は正しかったりするものよ！」

私はパッと頭に浮かんだことを、手を上げて言いました。

「右目の視力が何となく弱い気が……」

「その通り！　この子は右目が見えづらくて、治療中なのよ！　Well done！」

「皮膚がかゆいよね？」

「そうなの～！　ずっとアレルギー体質でいろいろな方向から治療のアプローチを試みているけど、なかなか良くならないのよ。Well done！」

マルタが言うたびに放つWell done！

この言葉で私はだんだん調子に乗ってきました。

今度は、シェルターにいる犬たちが登場しました。

施設の人が、その子がここに保護された経緯を話した後、また頭に浮かんだ言葉を言おうとした時、真逆のことを他の人たちが発言しているのを聞いて、私は口を閉じました。

「違う意見は言ってはいけないかな？」

「調子に乗りすぎて、暴走したのかも……」

出てきた答えのほとんどは、保護されたその犬は可愛そうだったり、お涙なしで話せないこと。

だけど、私の出てきた言葉は、

「とても嬉しい、今とても楽しくてたまらない」

もっと前向きで、今、この子がとても嬉しくて楽しいことを伝えてきたのです。

真逆すぎて言えない。これを言ったら、私が冷たい人間と思われるかもしれない。

私の直感が正しいとは限らないし、間違ったことを言って恥ずかしい思いするのは嫌だ。

頭の中はそんなことでいっぱいでした。

今度は質問タイム。

私には一つだけ疑問がありました。

「アメリカにいる動物たちとも英語で話さないと通じないのかな？

だとすると、私にはハードル高いな」

「聞きたいけど、ワークショップに来ていた私以外の七、八人の参加者はみんな金髪の白人。地元の人っぽい。この質問は愚問かもね……」

先程のこともあって、質問することに躊躇していると、

「聞いてごらん？」

普段聞こえる私の心の声とは違う声が頭の中に響きました。

「だれ？　どこ？」

すると、私の膝に座っていた目の前にいる健ちゃんが、私の方を振り返り、キラキラして丸い目で嬉しそうに私をみています。

「聞いてごらんよ？」

もう一回はっきり健ちゃんから聞こえました。
これが健ちゃんとの初めてのコミュニケーション。
これが私の初めてのアニマルコミュニケーション。
あの嬉しそうな顔、元気な声は一生忘れないでしょう。

心で感じたままに表現する動物と感じたままに話す楽しさ

「Good Question! 動物とのコミュニケーションに言葉の境界線はないのよ。自由に思った通りにコミュニケーションを取ってみてね」

周りにいる人たちがなぜかザワついてます。金髪白人の他の人たちの半分以上がヨーロッパから来ている人たちで、彼らも同じ疑問を持っていたようなのです。

「ほらね！」

もう一度健ちゃんが私の方を覗《のぞ》き込むように言いました。

動物とのコミュニケーションに国境はないんだ。健ちゃんとも境界線がないのね。

動物たちと私たち人間の関係性や関わり方にも境界線がないんだね。

海外生活が長い私には、言葉を超えてコミュニケーションが取れることは私の可能性を広げてくれるような気がしました。

素直に正直に、感じたままに思いを伝えてみる。

私たちも動物も心で感じることは同じように感じるんだ。

そう考えたら、言葉の境界線はあるはずないよね。

境界線がなく、どこにいても犬たちと共に話ができることを想像しただけで、ワクワクし、いつでもどこでも話せることが何よりも嬉しかったのです。

境界線を感じない社会生活は、私たちの世界ではとても難しいことです。本音で言うことは、なぜか人を傷つけてしまう。本音を伝えてはいけない風潮になっている人間社会。

本心を伝えたい、素直な気持ちで話してみたいのに、傷つくのが怖いから相手の出方を見て話す人たち。

心から発する言葉ではなく、傷つかないように思考で作った言葉が出てくるから、どうしても歪んだ波動に乗って相手に伝わってしまう。歪んだ言葉に心地の悪さを感じて、受け取る側も返す言葉が歪んでいる。

そうしてどんどんねじれたコミュニケーションになっていく。だからラインやSNSで表面上のコミュニケーションで、表面的な当たり障りのない会話で終わらせている。

何となく、いい感じで。

当たり障りなく、傷つかないように。

そんなつまらないコミュニケーションよりも、心で感じたままに表現する動物と感じたままに話すことの方が楽しい。

動物とのコミュニケーションは私の心を正直にしてくれる。

この時、なんだかとても懐かしい感覚が蘇りました。

アニマルコミュニケーションは彼らを理解するツール

アニマルコミュニケーションを始めた頃、楽しくて仕方がなかった私は、周りの人たちに毎日お願いして練習をさせてもらいました。

しかし、始めてから四カ月が経った頃、急にコミュニケーションをすることがイヤになってしまいました。

あの頃の私は、コミュニケーションをとることよりも、いつの間にかその生き物のイヤなところ、直した方がいいところなど、アラ探しばかりしていました。

はじめの頃は、

「動物とお話しできる練習をしているのだけれど、何か聞いて欲しいことがありますか」

と飼い主さんたちに聞くと、

「私たちと一緒に暮らしていて楽しい？」

「今、何を一番望んでる？」

「困ったことや嫌なことがあったら、なんでも教えてね」

「好きなおやつ、食べたいものってある」

「うちの家で誰が一番好き？　それはなんで？」

そんな質問が多かったのですが、飼い主さんにしかわからないはずのことなのに、ペットがそのことに対して理解しているように反応し、関係性が改善されたことにより、更に質問をしてくれるようになりました。

「あのね、ユキ、うちの子の困ったこととか、直して欲しいことも聞いてもらえるのかな?」

「うん。問題解決も受けているよ！」

「誰かが家に来る時、吠えて欲しくないからやめて欲しいの」

「散歩の時、引っ張らないで」

「トイレは私が指定したところでして欲しいの」

「ウンチを食べて欲しくないのよね」

「唸ったり、吠えたりしない、良い子になって欲しいの」

欲しい、欲しい、欲しい。

今考えてみれば飼い主さんの要求ばかり。

ですが、その時の私はそれらを全て解決して、アニマルコミュニケーションは本当に効果があるのだと実体験から確信していました。

自信がついた私は、調子に乗り始めていました。

けれど、それも度が過ぎて、愛犬と散歩に出かけたり、愛犬がドッグランで遊んでいる犬たちを見かけると、あちらから寄って来てくれるのに、私はこの子はどこを直すべきか？　と心を覗こうとしていました。

私は、犬たちの感情を無視して心を覗こうとしていたのです。

ある日、「この子の良くないところ、改善しなきゃいけないところってどこかな？」犬たちに会う度にこんなことを考えていることに気づいた瞬間、ハッとしました。

動物のありのままの姿を見ていなかったこと。

こちら側が改善して欲しいと思うことに対して、彼らにも必ず理由があるということ。

気づいた瞬間、今までの傲慢な態度をとても恥ずかしく思い、無礼な私自身に悔しくて涙が出てきました。

そのことに気づくまで付き合ってくれた動物たち。大きな愛で、私が気づくまで待ち続けた動物たち。

無理やり改善してくれていた動物たちに、謝り、それぞれの飼い主さんにも理由を伝え理解してもらい、押し付けて改善したことを全て解除してしまいました。

アニマルコミュニケーションは魔法使いでも何でもなく、動物との純粋なコミュニケーションであり、何かを解決するための手法ではなくて、彼らを理解するためのツールであることを忘れてはいけないと気づいた出来事でした。

仕事依頼は動物からの口コミ

私の仕事は動物とコミュニケーションを取り、飼い主さんと動物たちの生活の中でお互いが理解し合えるように、そして、より心地の良いライフスタイルを送ることができるように、動物からの目線でメッセージをお伝えしています。

それは、ただメッセージを伝えるだけではなく、動物行動学からの知見で、トレーニングなども含め、飼い主さんが一番わかりやすい方法を見つけて行っています。

ではその依頼はどこから来るのか？　と言いますと、ご依頼くださった方々からご紹介いただく口コミで活動しています。

が、実のところそれは圧倒的に

「動物からの口コミ」

どういうことなの？　と疑問に思う方も多いと思います。

ある動物が私のところでセッションを受けると、その動物が他の動物に声をかけてくれます。

「あの人の所へ行くと良いと言われた。あそこに行けば話を聞いてもらえる」

このような返事が動物たちから何度も聞かれました。

動物の口コミというのは、人間同士のコミュニティとは違って、動物たちのコミュニティがあり、一見全く繋がりを感じない動物たちが、彼らの魂レベル（天界）での知り合いで、そこで口コミがパーッと！　広がっていくのです（理解しづらい説明ですみません……）。

さらに、動物界にもトレンドのようなものがあるようです。

一定期間、ご依頼いただく内容が、重なるのです。

動物の心や身体に抱えている症状で似たケースが多く、犬、猫、馬など動物の種類に関係なく――。

例えば、

「デトックスが必要、食事の内容を変えて欲しい、もっともっと運動がしたい、ただ一緒にいたい、環境を変えたい、トレーニングなど何か一緒にしたい」など。

急な展開で亡くなり、一斉に新しい命が生まれてくるパターンもありました。

なので、同じ内容の依頼が集中するため、私自身スケジュールが突然忙しくなる時期があります。

これって、私のセッションに来てくれる動物に限ったことではなく、私がボランティアをしていたアニマルシェルターでも起きていました。


「ここに来たらリセットできるって聞いてきた」

「新しい生活ができるって聞いた」

このシェルターから新しい家族の元で生活を始めた犬や猫たちが、リセットしたいと思っている他の動物たちに声をかけて、自分がシェルターにいた時の経験を伝えているのです。

彼らがもっている「意図して、引き寄せる力」

飼い主からみた動物たちの様子はどうなっているのか？　というと、「全くもって手に負えない」、「自分が病気になってしまったため面倒見ることができない」、「引越しをしなければならなくなったが、動物と住める場所が見つからない」、「年を取りすぎて面倒が見られない（自分自身、もしくは犬や猫）」と一見、私たちの都合で手放さなければいけないように感じるのです。

しかし実は動物がそう仕向けていたりするのです。
偶然のようで偶然ではない。
彼らにはそれを操作するというか、

「意図して、引き寄せる力」

私たちよりかなり自然に、相当強力に持っています。
そして、その意図して引き寄せる力で、私自身が居合せる偶然も少なくありません。

先日、久しぶりに会った友人と彼女のワンちゃん。
そのワンちゃん、何だか調子が良さそうじゃありませんでした。
このワンちゃんの体調のことを友人に聞こうかと思った途端、

「まだまだ長生きするから心配しないでね。

心の準備とか必要ないからね！」

と咄嗟に私は、このワンちゃんのメッセージを伝えていました。

それを聞いた友人がポロポロ涙を流して、

「こんなに具合が悪いから、もうお別れが近いんだなって昨夜思ってたんだ」

友人とはよく会いましたが、このワンちゃんとは年に一、二回会えばいい方で、滅多に会うことはありません。

私を通して、必要な時に必要なメッセージを飼い主さんに伝えられました。

いろいろな場所や状況で、大事なメッセージを伝えるお役目をくれた動物たちに感謝でいっぱいです。

犬からのコミュニケーション

飼い主さんと犬たちの共通点

はじめから自信のない犬などいません。ただ、もともと持ち合わせている性格や気質があります。しかし、その弱みが飼われた飼い主さんと家庭環境によって強みとなれば、この子の人生は大きく変わります。

忘れてはいけないのは、犬にも感情があり意思があること。

① 神経質になっていませんか？　極度な怖がりの子、神経質なタイプの犬には、こだわりタイプの飼い主さんが多いものです。ご自身の思い描く犬との生活にするために、目の前の犬を合わせようとしてはいませんか？

②褒めることをしていますか？　犬は私たちの話を全部聞いています。感情を全部、感じ取っています。
日本人は、褒めることがとても苦手です。それは褒められることを素直に受け取らない謙遜の文化があるからです。

犬にはそんな文化も風習もありません。自分の感情を我慢している人や、ご自身を素直に褒めたり、認められないのであれば、犬のことを、たくさん褒めてあげてください。

そして他の人にも自慢してあげてください。

そうしたら、きっとあなたも気づくでしょう。こんなに素晴らしく育ってくれてありがとう。私の育て方は間違っていなかったと。

③吠えて吠えて吠えまくる犬に限って、噛んでこない。こちらが心を開いて普通にしていたら、犬は私たちの感情を読み取ろうと一歩近づいてくれます。ただし、犬によって時間差はかなりありますが。

④幸せな犬とそうではない犬の見極め方は、飼い主さんが初対面の人に愛犬を会わせる時、「この子、大丈夫かな？」と一瞬でも、この子に対して疑いを持つかどうかにかかっています。どんな性格の犬でも、リードから伝わる飼い主さんの感情が身体に伝わります。

大好きな飼い主さんに信頼されていない、飼い主さんの役に立ちたいのに信頼されていない、それが積み重なると、がっくりしてしまうのです。

⑤ご自身の想像したバーチャル犬を飼おうとしていませんか？　もし理想の犬と生活をしたいと思ったら、飼い主さんが犬にとって理想の飼い主さんになることです。

鏡の法則で、ご自身の鏡は今の愛犬の姿です。

4章 私の〈まぼろし〉プロジェクト

〈まぼろし〉プロジェクト①

——ワイナリーからの依頼・羊がぶどうの葉を食べるのを止めて！

私の住んでいた北カリフォルニアのサンタローザはカリフォルニアワインの産地でした。車を走らせると、周囲には美しいぶどう畑の田園が延々と続きます。

二〇一六年六月、あるワイナリーを訪ねました。うちから二〇分弱のところにあるそのワイナリーで飲んだワインは、その当時こちらに住み始めて飲んでいたワインとは全く比べ物になりませんでした。

ワインの名前は Maboroshi（まぼろし）。

日本人の旦那様とアメリカ人の奥様が、当時三歳だった長女を連れて、日本からフランスに渡り、ワインの修業に出て、その後、自分たちのワイナリーを作りたいという夢を親戚に話すと、「そんなまぼろしみたいな話、うまくいくか？」と言われたことから、付けられた名前だそうです。

初めて訪れたこのワイナリーは、住宅街の中に小さな看板が一つ見えるだけで、言われなかったら、普通に通り過ぎるような場所。

ゲートが開いた瞬間、ぶどう畑から感じるエネルギーは、とても生き生きとしていて、太陽の光がキラキラとまるで星屑が舞っているかのように見えました。

今までにないエネルギーを私は感じました。

ぶどうの木一本一本から感じる生命力。今一番最適な大きさで大地のエネルギーと調和している。

雑草もぐんぐん伸びてすごく元気。汚れのないその場所に、いてはいけない植物、生物、動物はいない。すべてがその場所で役割があって存在しているんだと広い大地の中で植物たちは教えてくれました。

ここのワイナリーは、バイオダイナミック農法という、天体のエネルギーに合わせてぶどうの木を育てています。

畑が地球と言われているアドルフ・シュタイナーの方法の、植物と大地のエネルギーの活力を最大限に引き出すこの育て方は、当然、化学肥料など一切使いません。お月様のリズムに合わせて、牛の角《つの》が調合された肥料を撒いたり、満月の夜にぶどうを採取するなど、大地と宇宙のパワーが融合された、パワフルな畑なのです。

話は逸れますが、なぜ牛の角を肥料に使うかと言いますと……。

私が以前に牛から聞いたメッセージによると、牛の角はお星様、すなわち宇宙と繋がっているのだそうです。角はアンテナの役割で、すべて情報は角を通して届くようです。でも、今の牛は牧場の人が体に当たると大怪我するので、すべて切ってしまう。

本来、牛はゆったりしていて、時には思いっきり走り回ってこの大地（地球）と宇宙のエネルギーを調和させ、見えない部分で私たちの生活に必要なバランス、波動調整をしてくれる地球の守護神なのです。

牛乳だって神様からの贈り物。いつの間にか乳製品は体に良くないという風潮になってるけれど、それはそもそも牛の声を聞かずに育てられているから。

角を切ってしまうことで、牛たちの周波数が狂うのです。

当然の結果、化学反応が起きて違ったものができ上がってしまうというのです。

話は戻ります。

牛の角＝宇宙のアンテナの中に諸々他の調合されたものを入れて、一定期間、土の中に寝かし、ある時期に畑に撒くのです。これでパワフルな土壌ができ上がります。

一二エーカーもあるこのワイナリー、ご夫婦二人で毎日、朝からぶどうの木の手入れをしています。なので、この家には二匹の犬と二匹の猫、四匹の羊が協力サポーターとして、活躍中です。

その他二匹のグレイハウンドは、野生動物が畑を荒らしに来ないように追い払う役目を担っています。

猫たちは、ぶどうの木の根っこを食べてしまうモグラを見つけて退治する。夜な夜なその成功報酬を持ってきます。

四匹の羊たちは生き生きと育った雑草を食べて、ぶどうの木の成長を助けます。ぶどうを育てるのに、二人の人間だけではなく、動物たちも習性を活かされて共に暮らしているのです。

私は、そのひたすら雑草を食べ続ける四匹の羊について、オーナーからある依頼を受けました。

本来、雑草だけを食べて欲しいのだけれど、必要な部分のぶどうの葉っぱまで食べてしまう。彼らにそれだけは止めてもらえないか？

動物にも植物にも、食物にも私たちと同じように意思がある。ぶどうの葉っぱを食べてしまうことにもきっと理由があるはず。

私は喜んでこの依頼をお受けいたしました。

私の〈まぼろし〉プロジェクトはここからスタートしました。

〈まぼろし〉プロジェクト②
——おばあちゃん羊の言葉「私たちは馬鹿じゃない。全部聞いている。知っている」

私は四匹の羊たちから話を聞きに、後日ワイナリーを訪れました。

私が感じた四匹の羊のプロフィールは、

おばあちゃん（白）
やや中年のオバちゃん（白）
二五、六歳の女子（ブラウン）
好奇心旺盛なティーン女子（ブラウン）

羊たちは群れで行動する方が安心します。常に一緒に行動し、朝から同じ場所で草を食べ、昼寝をし、夕方に小屋へ帰る生活をしていました。

私は彼女たちがちょうど一日の仕事（草食べ）が終わった頃、午後三時過ぎに会いに行きました。いきなりHello！と話しかけてくる私に、一瞬ギョッとした感じで、でも私の様子をゆっくりじっくりうかがっていました。

動物や植物はとても正直な反応を示します。
喜怒哀楽がはっきりしています。こちらが体裁良くしようとしても、心の中まで見透かされてしまいます。

まずはじめに、ティーン女子の羊が私の方へ耳を興味深く傾ける感じを受けたのと同時に、彼女が一歩前進しようとしました。すると、とっさに後ろからおばあちゃんのエネルギーが前へ出てきました。

おばあちゃんからは、人間に対して強い警戒心の波動を受け取りました。ティーン女子に警告しているようです。重い重いエネルギーです。

私はとりあえず、私自身がどんな人間なのか羊たちに観察してもらうことにしました。しばらくすると、中年のオバちゃん羊が声をかけてくれました。

私がなぜここに来たのか、私に話をさせてくれるように周囲に働きかけてくれました。

かくかくしかじか、オーナーからのメッセージを伝えました。これについてどう思うか聞くと、おばあちゃん羊から、

「そちらのお願いの前に、私たちの話を聞いてほしい」

おばあちゃんはひと言、私にこう言いました。

「私たちは馬鹿じゃない。全部聞いている。知っている」

このメッセージを伝えた瞬間、驚くオーナー夫妻。

羊たちには全てお見通しでした。

オーナーは常日頃、芝生以外にぶどうの葉を食べる羊について、周囲に「馬鹿だ」と言っていたのです！

決して彼らの前で言わなくても、オーナーがどういう感情で羊と共にいるのか感じ取っていたのです。そして何を言われているのかも全部知っていました。

しかもその声はオーナーだけに対してではなく、私たち多くの人間がどの目線で羊という動物を見ているのかを、羊界では知っているというメッセージでもありました。

ちょっと怖がりだけれど、食べるのが大好きで、とてもおっとりフレンドリーな羊たち。マイペースな性格は、あまり何も考えていないような印象を受けるのかもしれません。

話は横にそれますが——

ここサンタローザでは、春になると羊たちがあちこちで大活躍します。

例えば、

地元の会社は、広大な敷地の中に平屋のビルディングが五棟建っている他に、サッカー場、野球場があります。数マイルのちょっとしたハイキングトレイルもあります。そしてその周辺には会社所有のピクニックができる野原もあります。

春になると、羊飼いがトラックに乗せて来た大量の羊たちを数カ月の間、そこへ解放します。彼らが草を食べてくれることによって、広大な敷地の草刈りをしてくれるのです。

人工的に草を刈るのとは違い、羊たちが根っこまで引き抜くのでとても綺麗になります。また、会社側としては草刈りの人件費がかかりません。この期間にどんどん子羊も産まれ、可愛らしい光景があちこちで毎年見られます。

話は戻り、

引き続き、私は羊たちに胸に秘めていることを全て洗いざらい話してもらうことにしました。リクエストがあれば全て聞き入れる、納得いくまで話し合おうと伝えました。

すると、

仕事（草食べ）の時間、小屋の環境、体調のこと、ぶどうの木との関係など、いろいろな話をしてくれました。

能天気と思われている羊さんたちもやっぱり感情があって、意思もありました。
この土地も大好きだし、オーナーの気持ちもよく理解している心優しい生き物。
私は一気にこの羊たちが大好きになりました。
そしてこれから伝えてくれるメッセージを、真摯に受け止めようと思いました。

〈まぼろし〉プロジェクト③
——羊たちからのリクエストで「オーナーと理解し合い深い絆を築けるようにしていきたい」

どうやら、羊たちがぶどうの葉を食べてしまうのには、いくつかの原因がありました。
驚いたことは、羊からのリクエストで、今後オーナーご夫妻と理解し合い、より深い絆を築けるようにしていきたいとのことでした。

以下が羊たちからのリクエストです。

一、出勤時間（草食べ）は午前八時〜午後二時まで

今までは日が昇り切った午前一一時前後に解放されていたのですが、彼らはこの時間帯を強く希望しました。

今まで、ぶどうの葉を食べていた時間帯は圧倒的に午後の方が長く、昼間太陽をたっぷり浴びた草は乾燥し、喉が乾くので水分が必要になりました。

そして、たまらず、甘い（羊たちにはそう感じるらしい）ぶどうの葉を食いむしっていたそうです。

このワイナリーは太平洋からの海風が入り、夕方や夜になると霧が発生する場所です。なので、夜露をたっぷり吸った雑草はとても柔らかくてみずみずしく、青々とした草がいっそう美味しく感じられるとのこと。

二、新鮮な水の設置希望
水分補給は命あるものにとって重要です。羊は一仕事終えると、必ず新鮮なお水を飲みたかったそうです。だけど、水は数日に一度だけ交換されていました。

三、ゆっくり休める空間を作って欲しい
小屋の床に藁《わら》を敷いて欲しいとリクエストがありました。体が十分に休める空間を作り、足が冷えたり、体に負担がかからないようにして欲しいとのこと。実はここの床は掃除が楽なため、コンクリートだったのです。羊たちにとって、下が固いのは足腰に負担がかかり、快適さに欠けるとのことでした。

四、りんごをください
おばあちゃん羊からのリクエストでした。実は彼女は、近所のりんご畑で生まれ育ったのです。ここに来るまで、りんごを常に食べていたので、りんごは彼女にとって必要な栄養素でした。

甘いりんごは活力になるので、是非食べさせて欲しいとリクエストがきました。
五、私たちの近くを歩く時は、ゆっくりした足取りで、靴の音も控えめにしてください
羊たちはとても敏感です。近くで大きな足音が聞こえると、とっても驚きます。ビクッとする頻度が頻繁に起こる環境は、精神的不安が多くなるため、信頼関係を築くのが難しくなるとのこと。なので、彼らに対してやさしく接して欲しいと言われました。

ここまできて、私は一つ疑問が湧きました。ぶどうの木や葉っぱは、羊に葉を食べられることについて、どう思っているのか？　どう感じているのか？
彼らにも話を聞く必要があると思い、私の意識はワイナリーの全ぶどうの木へと広がりました

〈まぼろし〉プロジェクト④
――羊に食べられることにOKサインを出していたぶどうとの話し合い

意識をワイナリーの全ぶどうの木へと移した私は、彼らのエネルギーから羊たちとの関係性を知り、驚きました。

ぶどうの木、そして葉っぱは羊たちから葉をむしり取られることに対して、ＯＫのサインを出していたのです。とても協力的に葉を提供していたことを知りました。

朝晩の気温と日中の気温差が激しいここ北カリフォルニアは、午前中の肌寒い気候が嘘のように、昼間はキラキラと太陽が照り、真っ青な美しい空の下、空気はカラリとして暖かな（暑い）お天気に変わります。午前中と午後では一〇度くらいの温度差は当たり前だったりします。

なので、太陽が昇ってから外に出ていた羊たちにとっては、涼しい時間から動くよりも体力を消耗し、水分が蒸発した後の草を食べるのはやさしいことではありませんでした。

そこで、ジューシーなぶどうの葉っぱが彼らの喉を潤わせるのには最適だったのです。自然の法則で、水が欲しい羊たちはブドウの葉っぱから吸収していたのです。

しかし、毎日このワイナリーのぶどうを手入れしているオーナーご夫妻は、ぶどうの成長に合わせて、葉っぱの剪定をしています。なので、必要以上に、またある高さ以上の葉っぱを食べられてしまうと、循環すべき栄養素がうまく働かなくなり、美味しいワインになるためのぶどうができなくなってしまうのです。

私は、ぶどうの木、葉っぱ、それから小さなぶどうの実とコンタクトを取り始めました。そして、具体的にぶどうがワインになるための工程を伝えました。

さらに、彼らに最も伝えたかったメッセージを最後に加えました。

ここのオーナーご夫妻の生活を支えているのは、これから立派な熟していくぶどうを作っているあなたたち、ぶどうの木なのだと。

もっと言えば、あなたたちが立派に育つように後ろからサポートしてくれているのは、ここのオーナーご夫妻だということを知って欲しい、と。

誰か一人が欠けてもいけないし、誰か一人が得をするのもありえない。それでは成り立たない。すべては輪になって循環しているのが、この〈まぼろし〉なのだと。

しばらくして、一本のぶどうの葉から聞こえてきました。

「これからは食べられそうになったら、痛い！　って大声で言う！」

また、他の薬からは、

「苦《にが》いって思われるようにする」

そうして、私の話に対しての返事が届きました。

味覚を感じる様々な動物たちにとって、苦味は毒と認識しています。

「うちの犬が薬を飲んでくれない」とか、「ご飯に薬を混ぜても、それだけが残ってる」という話を聞きますが、彼らは苦味にはとても敏感です。

私自身、薬を使うことは滅多にないのですが、過去に急激な痛みや怪我などで苦痛を和らげてくれた薬に対して、薬は体に悪いとは言いたくありません。薬のお陰で助かった人や、痛みでパニックだった動物が落ち着きを取り戻したのもたくさん見てきました。

それは自分の愛犬にも同じような認識で接しています。ホメオパシーを使うことの方が多いですが、薬も必要であれば使います。

薬を摂取した後に体からデトックスする方法を知っていたらいいのでは？　と思っているからです。さらに言えば、薬に耐えられるか、もしくは薬を必要としない自分の体の免疫力を上げることが重要かな？　とも感じています。

どんな動物も同じ地球に暮らす仲間。優しさに満ちあふれた空間で包まれますように

ぶどうの木の話ですが、

彼らが羊たちとの〝合意〟を解除してくれたことによって、私を含めた三方の話し合いがスムーズに解決しました。内容はとても深かったけれど、かかった時間

はおそらく三〇分ちょっとです。

一番若い羊は私の目の前で、草をむしり始めました。

「こんな感じでいいのかな？　根っこまで引き抜いちゃっても平気？」

何度も何度も確認してくれました。

最後におばあちゃん羊から
「たまにチェックにいらっしゃい」と言われました。

やっぱり今までの癖で食べてしまうこともあるからだそうです。

後日、オーナーから、

「あれ、もう羊が小屋へ戻って行く！　って時計を見たら、午後一時五八分だったよ」

私も羊さんたちが小屋へ戻っていったり、草を食べずに日陰で昼寝をしているのを何度か見かけましたが、それはいつも午後二時前後でした。

今は毎日、新鮮なお水と、リンゴが用意されるようになりました。藁のベッドが敷き詰められ、午後、彼らはそこで仕事の疲れを癒しています。

バイオダイナミック農法という地球上の動植物と天体の目に見えないエネルギーが融合した、自然の優しさが溢れ出たワインを作り上げるオーナーご夫妻。羊たちの存在を尊重し、彼らの居心地の良さを提供してくださったことを最も喜んでいるのは、羊たちです。草むしりを自分たちのミッション！　と心得て毎日美味しく食べ続けています。

「どんな動物も私たちと同じ地球に暮らす仲間です。共に暮らし、分かち合い、優しさに満ちあふれた空間で包まれますように。

もめることのない、共に生活していても支障をきたさない共存できる土地へ」

それが羊たちからのメッセージでした。

5章　犬と繋がる時

どうやって距離を縮めていくか

私は犬が大好きだけど、むやみに犬たちに近寄りません。

どちらかと言うと、むしろ距離を置いています。

特に初対面の犬に対しては、極力近づくことはしないように心掛けています。

これは意図的にしています。

それぞれの犬によって、距離の取り方が違うので、私は犬の距離感に合わせることを最優先しているからです。

どうやって距離を縮めていくか？

犬が私に近づいて来た時、

犬が匂いを嗅いで一呼吸を置いた時感じる、自分で安心できる相手だと受け入れてくれた瞬間、
犬が私のことをそっとしておいてくれる時、
犬が私も含め現在の状況に無関心な時、
そういうのを肌で感じて、私は近づいたり、離れたり、知らないふりをしたりして距離感を取るようにしています。
犬とのセッション中、突然目の前の犬との心の繋がりが近くなる瞬間があります。
愛犬から、これだけは絶対に飼い主さんに伝えて欲しい！
という内容を伝えられた時や、飼い主さんに知って欲しいと思うことを伝えられた時。
犬の様子が目に見えて変わります。
犬が近づいて来る。

犬が飼い主さんのことをじーっと見ている。

犬が、私が伝えるメッセージを、注意深く聞いている様子を見せる。

私の顔をなめる。

手をなめる。

吠える。

飛びかかってくる。

犬が突然寝始める。

犬が安心して脱力する。

犬が尻尾を振り出す。

犬がニコッと笑った顔をする。

上げたらきりがありません。犬たちは常に私たちとコミュニケーションをとっています。

自分が犬だったら何を感じているか

アニマルコミュニケーションは魔法使いでも、特殊能力でもありません。
ただ、感性に敏感な人にはキャッチできるものです。
もちろん、そこに得意不得意はあるのでしょう。

では、不得意を得意にするにはどうしたらいいのでしょうか？
お互いが肌で感じることに敏感かどうか？
自分の感性に敏感かどうか？
今の自分が何を感じているか？　どう感じるのか？
いつも自分の心と対話をしているか？
自分の感情に敏感であるかどうか？

そうすると、自然に動物の気持ちが理解できるようになってきます。

もう一つ、わかりやすい方法をお伝えします。

これはセミナーでいつも行うワークなのですが、
私が犬だったら？　何犬？　オス、メス？　いくつ？　どこに住んでいるの？

誰と一緒に住んでいるの？

今、何をしているの？

何が好き？

何をされると苦手？

何をしてみたい？

今、何を感じているかな？

どんどん質問をしていきます。今、自分が犬だったら何を感じているのか、全て紙に書き出します。すると普段自分が感じていなかった感情が出てきたり、思っていなかったような答えが出てきたりします。
客観的にその答えを受け止め、自分の犬に置き換えてみる。
普段当たり前のように、自分の価値観の中で自分の犬に対して接していなかったか？
本当はこうしてあげたほうが、喜んでいたのかも？
実は何もしなくてもうれしかったのかな？　いろいろ、やり過ぎだったのかな？
運動足りてなかったのかな？
私のエゴが強かったかな？　押し付けていなかったかな？
そんな感じで、犬のことを客観的に見ることができます。

アニマルコミュニケーションは自分とのコミュニケーション

ワークをすると、普段面倒臭くて散歩をためらっていた飼い主さんが、自分が犬になったら楽しそうに散歩をしている姿を感じたり。

普段食べているドッグフードよりも、食べたことはないけれど赤身の生肉や生骨をガリガリしてみたい。

人ごみに連れて行かれるのが、すごく苦手って感じていたり。

自分の頭では思いつかなかったような感覚が出てくることがよくあります。

客観視。感情を入れず、自分の価値観を入れず、私が犬だったらどう感じるか？　ワークの答えを自分の犬に置き換えてみることをして、関係性が改善されたり、問題行動がなくなったペットは多くいます。

ここから始めると、目の前の犬の気持ち、犬の周波数にスーッと合うことができるのです。

「アニマルコミュニケーション」は自分とのコミュニケーション。

自分が毎日楽しみを見出せない、本当にやりたいことが見つからない、いつも意識が自分の中ではなく外に向いている、意見がころころ変わってしまう。

そんな人は、まず今自分がどう感じているか？　に意識を向けてみる。

ベクトルを自分に向けてみる。

そこから始めていくと、今の自分の感情がわかり始めます。もしかしたら、今まで抑えていた感情が出てくるかもしれない。素直になれない自分と出会うかもしれない。そうやってゆっくり自分の心の紐を解いていく。

今のご自身と向き合うことで、本当の自分が少しずつ顔を出してくる。人がどう思うとか、感じるとかではなくて、私はこう感じている。こう感じていてもいいのかな？　これでいいかな？　これでいい。段階を追って少しずつ自分が顔を出してくる。自分を正当化できる。今の自分を肯定できる。今の自分の感情に許可を出せる。

するとなぜか、今まで目の前に起きていたこととは全く違う出来事が起こり始めます。今まで出会っていなかったような人たちと出会ったり……。そして、動物の感覚がわかり始めるのです。今こう感じていない？　私だったらこう感じるから。

そう、自分が今、何を感じているかを知ると、目の前の動物の気持ちが理解できるようになってくるのです。

まずは自分とのコミュニケーションから。

アニマルコミュニケーションは自分とのコミュニケーション。

愛犬はいつでもあなたと話をしたいと思っている

私が子供の頃の日本の教育は、他人と違うことを受け入れるというより、他人と同じではないと理解されない風潮がありました。

それは私にはとても居心地の悪い環境でした。

誰かから感じる、自分に対する抵抗感。

犬もとても敏感に感じ取ります。

うわー！と　飼い主さんが心の中でそう感じた瞬間、
犬も共鳴します。

どこでも、いつでも。

私たちのそれぞれが持つ価値観の中で、合うか合わないか。
自分の中にある小さな枠が判断基準となると、
犬とのコミュニケーションには大きな壁ができてしまいます。
犬はそんな壁のある存在をスルーしてしまうのです。

実のところ、犬とのコミュニケーションは、難しくありません。

コツは、自分の感性を磨くこと。自分が何を感じ、何を大事にしたいのか？

何を磨いていくことで、雑音が消えていくのか？　そこを大事にして欲しいのです。


犬たちは自分の価値観を大事にしています。

嬉しい時は嬉しい。気持ちが良い時は気持ちがいい。イヤな時はイヤ。

また、引きずることもしません。この前まで苦手だと思っていた相手に、「いいよ」って寛容に心を開くことが、いとも簡単にできる生き物です。

これは私たちが大人になると、いろいろな感情や状況にかき乱され、なかなか難しいことだったりします。

本気で愛犬と心を通わせたいと思った時、ご自身の中にある抵抗感を捨ててみてください。多少イヤなことに対して敏感になるのではなく、大目に見て目をつぶってみてください。

その先に見える広くて、清々しい空気が流れている空間に一歩足を進めてみてください。

あなたの愛犬がきっと尻尾を振って待っています。

そこがゾーンと言われる、動物の世界。

アニマルコミュニケーションは誰にでもできるのです。

愛犬との時間は限られています。

だからこそ、私たちと動物コミュニケーションの道を広げ、ピカピカにしながら使って欲しい。

あなたの愛犬はいつでもお話をしたいと思っています。

一二〇%褒めて育てる

私のドッグトレーニングの師匠は犬たち。

私が実際、健ちゃんを通して学んだドッグトレーニングをご紹介します。

ポイントは、一二〇%褒めて褒めて、優しく育てること。

褒めて育てたらどんな子になるのだろうか？　よく、子供の教育で褒めて育てたら伸びるという話を聞いていましたが、犬の場合はどうなのか？　それも何事においても褒めていけるように。

ただ勘違いして欲しくないのは、甘やかすということではありません。褒めて育てることと、甘やかすことは全く違います。

健ちゃんとともに暮らした一二年間、私は健ちゃんを叱ったのは二回だけでした。彼が子犬の頃、本当に命の危険を感じた時にだけでした。あとは全て、注意を促していく。

「いけないよ」

「NO！」

他に気をつけていたことは、口にして欲しくないものは、健ちゃんの届かないところや目につかないところにしまうようにして、注意を促す必要のない環境づくりを工夫しました。

健ちゃんがこちらの望むことをしてくれた時、例えばトイレやお散歩で真横を歩いてくれたりなど。その時は私は思い切り健ちゃんを褒めています。

名前を呼ぶのは楽しい時だけ

褒めすぎたら、犬は飼い主さんの言うことを聞かなくなるのではないか？

答えはＮＯ！です。

それには理由があります。

まず、健ちゃん自身が、褒められた時とそうでないことをやってしまった時の自覚が必要です。

その違いに気づいてもらわなければなりません。

いけないことをした犬に理解してもらうために、叱ったり、名前を強く呼ぶ飼い主さんがいますが、私はそれはしません。

名前は楽しい時だけしか呼びません。遊んだり、おやつやご飯をあげる時など犬たちが喜ぶ状況の時にです。

注意を促したりする時に名前を呼ぶことを続けていると、次第に名前を呼ばれると嫌な思いをする犬たちもいます。

それは、せっかくつけてもらった名前なのに。

私は

「いけないよ」もしくは「NO」

と伝えます。

ただ、言うことを聞かないと、聞いていても知らんぷりをしている場合、このトーンがどんどん低くなり、ゆっくりになることはあります。

そしてもうひとつ。

全く反応しない。

いつも褒めてくれる人に無視されるのは強烈です。

明らかにいつもと違うことを察知します。

人間同様、犬たちも無視されることは本当に嫌いです。

私たちが感じるように、嫌な気分や悲しい気分になります。


これをしても反応がない。

無視が続くと、健ちゃんはそれは望まれていないことなんだと、判断します。

そして、彼なりに一生懸命考えて答えを導き出します。

「そうか。これだとおやつはもらえないんだ」


私の場合、褒めることとおやつはセットになっています。小さなおやつだけど、たったひとつあげるだけでも本当に喜んでくれます。喜んでくれることも褒めてしまいます。

そうして、叱らず注意を促すことで、健ちゃんとの間の問題は解決してきました。叱れば一瞬で終わることかもしれません。だけど、それはまた繰り返すことになります。

一度、健ちゃんに理解してもらえばその出来事はもう二度と起こりません。そこまでいくのに忍耐は必要ですが、何度も起こるストレスを考えたら、こちらの方がお互いが気持ちの良い関係性を保つことができます。

何もしなくても褒める。存在そのものが大事なことを伝える

もうひとつ、私が大事にしている褒めるタイミングをお伝えします。
健ちゃんの自尊心が高まったのもこれが影響しているようです。

健ちゃんが何もしていない時、ポーッとしている時、昼寝をしている時、何もしていない健ちゃんを褒めています。

ドッグトレーニングで学ぶ「褒めるタイミング」は、「何かをした時」。

だけど、私は何もしていない時にも褒めます。

それは、

何をしていても、していなくても健ちゃんそのものが、「大事な大事な大切な存在」なんだよ。

それを伝えたいだけなのです。

ただ、それだけ。

アジリティーで優秀な成績を収めてくれても、くれなくてもどちらでもいい。

いつも健康で楽しく一緒にいられること。健ちゃんがそばにいてくれることが何よりも私の幸せなんだということを常日頃、何もない時間に伝えています。

私が見ていて、健ちゃんの心のコップにはいつもお水がいっぱい。

多少、外で誰か他の犬が健ちゃんに向かって吠えてきても、知らん顔して反応しません。

新しい場所で、新しい人たちや犬たちに出会っても、いつもと同じように平常心で過ごしていける。誰とでも仲良くできる健ちゃん。

いつも幸せいっぱいだから、元気のない人や犬がいたら、そっとそばに寄って寝息を立てる優しい健ちゃん。

生後九週目から褒めて育てる工夫をしてきて感じたのは、褒めて育てるデメリットはゼロ。これを始めてから、健ちゃん以外の犬たちや家族や周囲の友人の良いところもたくさん見られるようになり、褒めることに全く恥ずかしさがなくなりました。

もうひとつ気づいたことは、私自身自分の今の環境がどうであれ、全てを良い方面からしか見なくなっていたのです。褒めるところを探していくうちに、様々な局面で良いところに目がいくようになっていたのです。

褒めて育てると言うのは、愛犬の自尊心を高めるのはもちろんのこと、私自身や周囲の人にもたくさんの影響があったのです。

健ちゃんに言われる「自分の心と仲良くしよう」

私が健ちゃんを通して言われたことは、

「ペットをどう飼うかではなくて、ペットとどうお付き合いしていくかが大切」

「どうしたら犬の気持ちを知り、仲良くなれるのか、その方法を知ってね」

私の機嫌が悪くなったり、思い通りにことが進まなくてイライラしたり、心の中に怒りがあふれた時、健ちゃんは私のところに寄ってきてて必ず言いました。

「仲良くしよう！」

健ちゃんと仲良くしよう、周囲の人と仲良くしようという意味も含まれていますが、ここで健ちゃんが言いたいのは、

「自分の心と仲良くしよう」

嫌なこと、不機嫌になる出来事に対して、自分の心に素直になってみよう。
相手にも素直になってみよう。
怒りは怒り？　本当は悲しいんじゃない？　悔しいんじゃない？　寂しいんじゃない？

自分の心に素直になってみよう。

出来事一つで、なぜ感情が揺れ動いたのか？　何が私の心のアンテナに引っかかっているのか？

一つ一つ感情を解きほぐしてみると、怒りは怒りではなく、私の心の中では寂しかったり認めて欲しかったり。でも表面に出ているのは怒り。

本当は自分の気持ちが相手に伝わらず、寂しいと感じた時に怒りとして出ていたことがわかりました。

また私たちは幼い頃から知らず知らずのうちに感情に優劣をつけるようになってしまいがちです。

怒りに満ちた私はいけない、小さな人間。

怒りの矛先がいつの間にか、怒っている自分に向いて責め始める。

怒りの矛先を自分を責めるのではなく、怒りに満ちている自分と向き合わない限り、その場で感情を抑えても、常に怒りの火種が残るため、いつも似たような出来事や同一人物に対して感情のスイッチが入ります。

だから、健ちゃんは言います。

「仲良くしよう」

これを言われて、初めて気づいたことがありました。

ヒトと一緒にいるより、なぜか犬のそばにいる方がホッとしたり、安心したり、素直になれることはありませんか？

それは、彼らの純粋で素直な感情と、私たちの純粋な感情が共鳴しているからだと思います。

近年、幸せホルモン、オキシトシンという言葉をよく耳にします。

麻布大学では、犬にはヒトと見つめ合うだけで親和的な関係を生じる能力があることを研究しています。

この能力は、ほかの家畜にはなく、犬だけのものだそうです。
日常生活の中で普通に起こる自分の感情を、難しく捉えるのではなくて、シンプルに
「仲良くしよう」
今の心の中に「どうしたの？」って聞いてみてください。
相手に矢を向ける前に、自分の心に聞いてあげてみてください。
何度も、何度も。

動物は私たちの純粋な心に共鳴する

自分の純粋な心を大事にしてあげてください。感情をいたわってあげてください。
怖かったら、どうして怖いのか？　怒っていたらどうして怒っているのか？

悲しかったら、どうして悲しいのか？

もちろん、嬉しい時もどうして嬉しいのか？

自分の好きと嫌いがわかってきます。そうしたら、自分の感情と仲良くなれる。

そう健ちゃんは伝えてくれました。


類は友を呼ぶ。


自分の心に純粋に思いやれる人は、必ずと言っていいほど動物の気持ちがわかります。私はそういう人たちとたくさん出会ってきました。

ただ可愛がる優しい心の持ち主、という人種とは全く違う空気感を持っています。

その人たちの心の中は動物を救いたいとか、助けたいという気持ちよりも、動物のことをもっと知りたい、仲良くしたいと思い、そして自分の感情に真摯に向き合っている方たちでした。

動物は私たちの純粋な心に共鳴します。それはとても子どもっぽくも感じます。

だけどそれでいいんです。年齢を重ねても、その部分は常にピュアでキラキラしているのだから。

犬たちは常に自分の感情に真摯に向き合っているからこそ、私たちの心の中を簡単に見抜いてしまうのです。

愛するペットの気持ちがわかりたい。そのカギは自分の感情と仲良くなることです。

「犬は滅多なことでお腹を見せるな！」

名前はベイダー。『スター・ウォーズ』のダース・ベイダーから付けられた名前で、真っ黒なパピヨンプードルの五歳の小さな小さな可愛い雄犬。

ベイダーは我が家を第二のホームとして、よくうちにやって来ていました。

健ちゃんとはとても親密な関係でした。

毎月一度の週末以外にも、ベイダー家族の子供たちの学校がお休みの間は我が家で定期的にお預かりをしていました。

出会った頃の彼は、自分の思い通りにならないと甲高い声で吠えて、私たちに注意を向けるわがままボーイ。

本宅では私が迎えに行くと、玄関の所で大きな甲高い声で吠えています。ドアを開けて、飼い主のママが注意を促しても全く聞く耳を持ちません。ママはおやつを使ってなんとか興奮を鎮めようとしています。ベイダーはますます調子に乗り、自分の主張を大きな声で発するようになっていました。

初めて我が家へ来た時のこと。ベイダーがうちのリビングで興奮しています。ベイダーよりも大きなバスケット二つの中に、あふれるくらい入っている健ちゃんのおもちゃたち。今まで噛むとプーッとなる小さなテニスボールをおしゃぶりのように大好きだったベイダーにしたら、このおもちゃの数はとても魅力的でした。

見渡すと大きなフカフカなベッドとそれから、少し小さめだけれど首が安定する寝心地良さそうなベッドがある。ドアのないケージの中からなんか美味しそうな匂いが……。

「あれ、一個おやつ入ってない？　入って取ってみようか？」

そこへ進もうとした瞬間、

「Hey！」

ベイダーの前を横切り、ケージの中のおやつをペロリと食べた健ちゃんは、今度は振り返ってベイダーを上からジロリジロリ鼻を付き合わせて顔をのぞき込んでいます。

「ここにあるもの、ぜーんぶ健ちゃんのものだから」

ベイダーにそう伝えています。

ちなみに、うちの健ちゃん、自分のことは「健ちゃん」て呼ぶのです。

魅力的なおもちゃ、寝心地良さそうなベッド、そして時々もらえる超美味しいおやつ。

だけど、どれも自由にならないベイダーは居ても立ってもいられなくなり、急に吠え始めました。

「いけないよ！」と伝えても私の言うことを聞かないベイダー。

家族に向かって吠える時と同じように、どんどんエスカレートします。

二階で寝ていた健ちゃんがすごい勢いで降りて来ました。

そして、ピタッとベイダーの前に立ち、

「なに？」

と、またベイダーの顔をのぞき込みます。

一歩後ずさりしながら、「いや」

「ゆきこの言うこと聞けないの？　誰に向かって吠えてんの？」

ちなみに、健ちゃんは私のことを「ゆきこ」と呼びます。

ピタッとベイダーの無駄吠えを収めてくれた健ちゃんに、私はご褒美のおやつをあげます。

そのずっと後ろでそれを見ているベイダーにも、一つ。

「普通にしてたらあげるからね」

私の言う「普通」の意味がわからないベイダー。何が何だか全く理解できません。

自己肯定感が高まるにつれて表情が変わってくる

また別のお預かりの時、ソファでくつろいでいた私にベイダーはいきなりお腹を見せてきました。何かおねだりしたい時に必ずこのポーズをするのです。

「お腹なんか見せなくても、みんな大好きだよ」

私がそう伝えようとした時、健ちゃんがベイダーにメッセージを伝えてくれました。お腹を見せることは甘えている証拠、降参とも言われていて、見方によっては自分を下に見せる時にするサイン。

だけど、うちの健ちゃんは滅多に、お腹を見せたりはしません。そんな仕草をしなくても、大事にされることを知っているからです。

そして、自分の望むことをしっかり主張することもできるので、今何を望んでいるのか、全身で伝えてきます。

だから、安易にお腹を見せるベイダーに対して、そんなことしなくても私たちがベイダーを大事にするのを伝えたかったのです。

対等でいたい。私の気持ちを察した健ちゃんがベイダーに伝えてくれたメッセージ。

それ以来、少しずつうちにやって来る度に変化が見えて来ました。

おねだりする時はまず吠えない。

健ちゃんの様子をよく見て、健ちゃんの後ろをついて歩き、真似てみる。

健ちゃんがOKと言ったらベッドで寝たり、おもちゃで遊んだりできる。

いたずらなどして、私が注意しようとすると、健ちゃんが代わりに注意に入ってくれるので滅多にいたずらはしなくなった。

健ちゃんがルールとなったのです。


そして何よりも、吠えることがなくなりました。周りの様子を見て判断できるようになり、辛抱強く待つことができたり、素直に自分が望むことを表現するようになりました。


それは、自分と相手に対しての尊厳をベイダーが見せてくれた証拠。

犬たちも同じように、自己肯定感が高まるにつれて表現が変わってくるんです。

お腹を見せるより、背筋をピンと伸ばして堂々とした姿の方が犬らしくて格好良い。

犬から学ぶドッグトレーニング①

“犬は犬なんです”

私の目指すペットとの関係性は、家族よりも仲間。

それは犬たちがそう望んでいることを知ったからです。

その違いは、目線。

犬たちが見ている目線に合わせることで、関係性は一気に変わります。

セッションやトレーニングなどで、お伝えする犬たちとコミュニケーションの土台の部分です。

犬たちが教えてくれた、ドッグトレーニングです。

①犬たちが興奮している時、恐怖でドキドキしてどうしていいかわからない時など、彼らの動作は速くなります。それに合わせてしまうと、犬たちはそれを和らげたいにも関わらず、もっと興奮状態におちいります。犬が速く動くのであれば、私たちは彼らのペースを戻すために、わざとゆっくりの動作に切り替えて彼らのペースを取り戻してあげましょう。

②その時、犬たちにわざと聞こえるように深呼吸を。吐く息が聞こえるように、Deep Breath です。

③おびえている犬や、警戒心の強い犬には目を合わせず距離を取り、吐く息以外にわざとらしいあくびをする。何度も何度も。犬たちはゆっくりと呼吸を整え、今いる空間が安全であることを認識し始めます。

④大きな声で吠えている犬、ウロウロ落ち着かない犬に対して、注意を促すように彼らより大きな声で、シャットアウトするのではなく、逆に低めのトーンでゆっくり話しかける。

⑤犬たちが感情をむき出しにしている時は特に、私たちは自分の感情を消しましょう。犬に理解してもらおう、言うことを聞いてもらおうというのは逆効果。理解してもらえても、もらえなくてもいいのです。
ただ、あなた自身が目の前の愛犬や犬たちにとって脅威の対象ではないということがわかればいいのです。はじめの頃は心を閉ざして感じようとしない犬たちも多くいますが、それでもいいのです。

⑥犬たちは絶対にあなたの匂いを忘れません。嬉しいこと、気持ち良いこと、優しいことをされた人たちの匂いを一度嗅いだら忘れることはありません。もちろんその逆も然り。
嗅覚の優れた犬たちは指先から漂うあなたの匂いを覚えています。私たちの手は彼らにとって優しく温もりのある気持ちの良いものであることを何よりも喜びます。

⑦一歩戻って一緒に歩こう！　散歩の時、途中で立ち止まる愛犬を引っ張って歩く経験はあると思います。犬たちは理由があって歩くことよりも立ち止まるこ

とを選択しています。

「散歩しなきゃ、散歩をしてあげてる、とにかく歩く」と考えていませんか。

愛犬は飼い主さんも一緒に散歩を楽しんで欲しいし、楽しい時間を共有したい生き物。仲間はいつも繋がっている。そんな感覚で犬たちは私たちを見ています。

犬が立ち止まったらリードを引っ張るのではなく、一歩戻って愛犬の横に立ってみてください。もしくはしゃがんで同じ目線で愛犬が触れて一番嬉しいところを撫でて、話しかけてみてくださいね。

「どうしたの？　一緒に歩こう！」って。

そうすれば、愛犬は気持ちが通じたと感じて彼らの意思を伝えてきます。

「もう帰ろう。あっちの方へ歩こう。一緒に歩こう。ちょっとお休みしたい」

そんなふうにきっと彼らが行動に移してくれるでしょう。（197ページに続く）

6章　犬から学ぶドッグトレーニング

解決策を知っているのは犬自身

健ちゃんのトレーニングに加え、アカデミーで学んだことやシェルターの犬たち、クライアントさんの犬たちから学んだことは、シンプルに「犬は犬であること」でした。

健ちゃんはとても活発でアスリート犬。その前の愛犬メイちゃんはおっとりした性格で、お姫様のように育てられました。私にはどちらもかけがえのない大切な存在の犬たちですが、同じ生命体ではありません。

私の目指すペットとの関係性は、家族よりも仲間（Buddy）。それは犬たちがそう望んでいることを知ったからです。

私の最初のドッグトレーナーである、愛犬のメイちゃんから教えてもらったこと、それは犬と人間の習性の違いでした。

様々な犬のトレーニングのメソッドがありますが、解決策を知っているのは犬自身です。

犬が可愛いという感覚だけでなく、犬の神秘性に惹かれたのもこのメイちゃんからでした。

子供の頃の私に教えてくれたことは、今でも私のトレーニングメソッドの中に深く刻み込まれています。初歩的なことですが、犬たちの心理を知る上で大変重要なことでした。

犬好きがやってしまう落とし穴

一、犬に向かって甲高い声で近づいていく。

これは犬たちに恐怖心を煽ります。声の高さ、速さによっては、犬が怖がっている時などに出す、きゃんきゃんと言う声に近い音になります。心理的に不快感が続くと、犬は神経質になり、人を見ると攻撃的になる場合があります。

二、可愛いからと言って、じっと目を見て話す。

犬が目を合わせる時、じっと見ない。

ただし、お互いが安心した状態で見つめ合う時は、愛情表現に変わります。正のループでオキシトシンという幸せホルモンが発生します。

三、笑顔で歯を見せる。

犬たちの色の識別は数色。しかも近眼。普段彼らが見ている景色の色は、グレーとグリーンの間のくすんだ中間色。私たちは犬を見ると、笑顔で近寄ることがあります。犬からは、大きな物体が牙を見せて近づいて来るように見えるようです。

四、背の高い男性に対して、犬たちは嫌がることが多いです。

シンプルに大きくて怖い。またその大きさから感じ取る威圧感によって、犬自身がコントロールできないと感じてしまいます。繊細な犬の場合、背の高い人が帽子を被っている姿を見て、恐怖心が募ります。帽子をぬいで、犬と同じ目線までかがんでみてください。

五、犬がこちらに向かって吠えている時、〝大丈夫よ〜！〟と言って近づき立ち止まる。

これは犬に対して、喧嘩を売っているのと同じように取られてしまいます。犬の顔を見たり反応に応えることは控えましょう。

犬もホームシックにかかる

メイちゃんはとても人懐こくて、誰にでもフレンドリーで穏やかな犬でした。が、自分の意思がはっきりしていました。そして、私たちに最も大事なことを教えてくれました。

犬にも感情があり、意思があるということを。

シーズー犬のメイちゃんが我が家へやって来たのは、私が一二歳の時。そこから彼女は一九年間大きな病気もせず、我が家で暮らしていました。

シーズーはもともと中国から日本へやって来た犬種。「私たちの妹」という意味を込め、メイちゃんのルーツである中国語の名前にしました。中国語で妹は妹妹と書き、メイメイちゃんと名付けられました。

都内のデパートにあるペットショップで出会ったメイちゃんは、生後八週目でした。メイちゃんの他にもう一匹オスの兄弟がいました。私には彼は、メイちゃんのお兄ちゃんのように感じました。

我が家へやって来てからのメイちゃんは、最初の数日はとても元気でしたが、だんだんはしゃぐ姿が少なくなり、しょんぼりした様子が伺えました。そして、とうとう食事を受け付けなくなってしまったのです。

心配した私たちは、メイちゃんをペットショップへ連れて行きました。

すると、そこにまだいたお兄ちゃんを見た途端メイちゃんは突然尻尾を振り始め、元気を取り戻しました。お店の人が持って来てくれたご飯まで、モリモリ食べ始めたのです。

「ホームシックですね」

出会ってすぐに可愛い！　と連れて帰って来てしまったことを申し訳なく思いました。一緒にいたお兄ちゃんと突然離れ離れになり、新しい家での生活が不安だったのかもしれません。

当時の私は昼間は学校。両親もお互い仕事をしていたので、昼間は一人ぼっちだったメイちゃんは寂しかったのだと思います。数日間メイちゃんはお兄ちゃんと共に暮らし、また我が家へ戻って来た時にはすっかり元気になっていました。

「犬にもホームシックがあるんだ」

「犬にも悲しいって感情があるんだ」

その時、初めて犬の感情を知った私は、それ以来、メイちゃんだったらどう感じるのかな？　という視点で接するようになりました。

それ以来、メイちゃんは子供の私にもできる犬たちとの接し方を教えてくれました。

三日間一人で置いてけぼり、震え続けて何も口にしない小さな犬

犬と接し始めてから、物事のタイミングの合わせ方がわかり始めました。犬たちは引き寄せの法則を完全にマスターしています。プロセスよりも結果にフォーカスしている犬たちを見ていて、私も引き寄せの法則がだんだん理解できるようになり、地球のリズムと合わせる方法を教えてもらいました。

二〇一八年までアメリカで地元のアニマルシェルターでボランティア活動を九年間していた時、私は三カ所でボランティア活動をしていました。

ある日、その中の一つのレスキューグループに、とても小さな犬がやって来ました。

「ユキ、この子のエネルギーを元気にしてあげられないかな？」

「何かメッセージあったら教えてくれる？」

「この子の苦しみをとってあげて欲しいの」


と、所長さんから頼まれました。


私のボランティア活動は、保護犬のトレーニング以外に、彼らとコミュニケーションを取り、その子たちの今現在の感情を読み取ること、保護される前の出来事についても聞いたり、それぞれが抱えている心と体に染み付いたトラウマを解消しながら癒しを行い、顕在意識と潜在意識を一致するようにしていました。

また、シェルター内で生活している間が最善でいられるように場の調整やレスキューされた様々な動物のセッションも行っていました。シェルターでは私ができることを「ギフト」と呼んでくれて、自由に活動をさせてくれました。

保護された小さな犬が一緒に暮らしていたのは八四歳のお婆さんでした。アルツハイマーだったお婆さんは一人で暮らすのは難しいということで、一週間前に市が病院に保護しました。

この時、犬は家にいたのですが、誰も存在に気づかず、その日から三日間家で一人置いてけぼりだったのです。ご近所の方が偶然気がついたことで、この犬の存在が発覚。お婆さんのお世話で精一杯のご家族が、保護施設にこの犬を連れてきました。

保護施設に来てからの四日間、この子はずっと身体が震え続け、食事も全く口にしていませんでした。強風が吹いたら飛んでいっちゃうのではないか？　というくらい小さな犬が、三日間家で一人ぼっちだったことを知ったスタッフたちはショックを受け、皆、目を真っ赤にしていました。

二キロにも満たないこの子は、トータルで七日間まったく何も口にしていませんでした。

私が決めているたった一つの約束「ただ、じっと待つこと」

私が会った時は小さなケージの奥で丸くなり、体がガタガタ震え続け、誰とも目を合わせる意思がなく、目は虚ろで完全に心を閉ざしていました。

私にはたった一つ決めていることがあります。生き物（動物、自然、微生物）との約束です。

それは、ただじっと待つこと。

そう、生き物のタイミングに合わせるだけなのです。

この犬に対しても同じように接しました。しばらくケージの側に座っていた時、震えているこの子を見て、抱っこして外の空気を一緒に吸いに行きたいと感じじました。

この子は保護されて以来、誰かが触れようとすると噛みつくことで自分を守り、ご飯も食べずケージの奥に入ったまま出てこようとしないと聞いていました。

私も会いに行った時は、行けたら行こう！　そんな感覚で側にいて、この子のリズムを尊重しました。しばらくすると、ケージから出て私の目の前まで来ました。

その日は、雲ひとつなく青く抜けるようなカリフォルニアの空で最高のタイミング。椅子に座った私の膝の上で、この子はしばらくカタカタ震えていましたが、時々じーっと静止したりと自分の中で様々な葛藤があるように感じました。

私は私でこの子を膝に置いたまま、この子のことは気にせず、マイペースで少し風のある午後の日差しにのんびり意識を置いてみたり、スマホでラインしたり、お互いそれぞれの時間を過ごしていました。

犬のリズムと地球のリズムに合わせると全てうまくいく

一時間ほど経った時、この子が少し頭を上げて鼻を使い始めました。周囲の匂いをクンクンと嗅ぎ始めたのです。

あくまで私の経験ですが、これを始めたらもう大丈夫！

自分を取り戻し始めたサインです。

あとは流れに任せて、この子が自分を取り戻すのをゆっくり待つだけ。

鼻でクンクンする動作がだんだん大きくなり、空を見上げたり、身体に触れる風を感じたり、ゆっくりと今自分の周りで起きていることを感じているのがわかりました。

私の顔を初めて真正面から見たと思ったら、何度も何度も私の匂いを嗅ぎ始めました。そのうち大きく目を開いて嬉しそうに、

「こんにちは〜！」

そして、私の鼻をぺろりんと舐めました。

目が覚めた瞬間です！

膝からゆっくり地面に置いて、あたりを一緒に歩きました。

最初はおぼつかなかった足も、徐々に大地のエネルギーを吸収し、地に足のついた歩き方を始めました

チョンチョンチョン！

飛び跳ねるような感じで、一緒に大きなフィールドを歩いています。

だんだん周囲が見えてきたのか、目の前のいろいろな植物や太陽の光、風、小さ

な虫に注意を払い始め、お話ししています。

「なーんか楽しい！」

さっきまで震えていた子が、元気な声で私に教えてくれました。

動物は今を生きています。今、この瞬間を生きています。

さっきまで嫌なことがあっても、でも、今楽しいかも？　って思ったら過去のことはそれとして、今この瞬間を楽しみに生きます。

ちょっと辛そう、とか、かわいそうな境遇の時、どうにか何かしてあげられないかな？　って、私たちは善意であれこれ手を出してあげたくなる傾向がありますが、私はそれは違うと思っています。ただし、緊急の時は別です。

手を差し伸べる準備はいつでもできていますが、生き物の気持ちを優先したらすべてはタイミングよく物事がうまく進むことを何度も体験しました。

例えば具合が悪い時、動物は食事も取らず、じっと静かに身体の回復を待つため丸まって寝ています。それは、今この瞬間、自分の体が要求することをしているだけ。

常にベストな状態を保つこと、生命力を生かしているのです。

自然に任せた生き方、それは地球のリズムに合わせることでもあり、もっと簡単に言うと、人間以外の生き物とのリズムに合わせると全て上手くいくんだよ、と教えてくれています。

翌日、この子はたまたま立ち寄った新しいご家族に引き取られました。

犬だって褒められるのは大好き

犬だって私たち以上に超褒められたい。

ずっと褒められたい。ずーっとずっと。

中には褒められるまで、じっと顔を見て待っている子もいます。

犬のトレーニングは人を育てていくのと同じではないか？　と思っています。

私たちも褒められたら嬉しいし、やる気も全開になります。

それを実感したのはPack Walkの時。褒められることよりも注意されることの多かった犬たちが、数カ月の間にどんどん変化して行く姿を見て、私は褒める楽しみを見つけました。

Pack Walkとは、犬を群れで歩かせる代行散歩のことです。八〜一三匹の犬たちを腰のベルトからリードを付けて一緒に歩いていました。

私が歩いていた犬たちは主に、飼い主さんが散歩のできない凶暴な犬たち。外に出ると他の犬や人に向かって吠える、噛み付く、飛びかかるの問題行動を起こし、中には興奮した犬に引っ張られて大怪我した飼い主さんや、他の犬に噛み付いてしまった犬もいました。

カリフォルニア州では、犬が噛むという行為はとても厳しく罰せられます。中には命を落とさなければいけない犬もいます。だから、噛まない犬を育てる。そのために犬たちのメンタルケアが重要になってきます。

私はこの Pack Walk を四年間週四日、多い時は五日歩いていました。

毎朝午前八時から一匹ずつ犬を各家庭からピックアップして、私の車に乗せていきます。

ケージの中に一匹ずつ入れられて行き、一〇時までに全てピックアップ完了です。

一匹ずつ私の腰のベルトにつけて行く時が一番緊張します。犬が嫌いな犬同士が私の腰についたベルトから繋がることによって、犬たちがぴったり隣同士になってしまうのです。

繋いでいく犬の性格を読み違えると、大げんかが始まってしまいます。二匹の犬が喧嘩をすれば、瞬く間に他の一〇匹にも広がってしまいます。しかも繋がれているため、犬同士が大怪我することだって考えられます。

私から発したメッセージ「大好き！　楽しいね！」

だから、私はこの緊張感を忘れてはいないけれど、常に犬を気持ちよくすることに専念していました。

GOOD BOY！ GOOD GIRL！ NICE！ VERY GOOD！ SWEET！

大好き！　楽しいね！　アメリカ生まれのアメリカ人に育てられた犬たちも、日本語の大好き！　と、楽しいね！　は通じます。

だって、それは私の心から発したメッセージだから。

緊張感あふれる時間を、楽しい時間に変えていくように、そして、このPackのリーダーが誰なのか？　車の中で唸る犬たちに一言「シー！」と伝えることによって、彼らは私がいないと歩くことができないことを察します。

歩き始めると犬たちは面白いことに、自分の一番歩きやすいポジションに並びます。彼らと私のルールはたった一つ。

「私の前を歩かないでね」

これも、私がこのPackでのリーダーを示しています。

目の前から苦手な犬や人などの対象物が来た時、私が彼らの先頭であれば守ることができるから。私がほんの数一〇センチ前に出ているだけで、彼らの不安が拭い去られ、安心感に変わるのです。

普段歩くことができなかった犬たちが、こうしてほぼ毎日一時間以上のお散歩に出られるようになり、どんどん心が開く瞬間を私は見てきました。

「褒めちぎってね！」

彼らはまっすぐ前を向きながら歩きます。

時々、私の顔を下から覗き込んできます。中には外側に回って、私に注目を求めてきた子もいました。

これは褒められたいサイン。なぜわかるのか？

それは、私は歩きながら今日一緒に歩く一匹ずつ犬の名前を呼びながら、Good Boy, Good Girl, 大好き！　楽しいね～！　を繰り返しています。

空が綺麗だったら、今日は気持ちがいいね！　とか……。

途中で彼らも私にまた、褒めてちょうだい！　って教えてくれる。

初めてやって来た子に対しては、何度も名前を呼びかけて、褒める。初めて会った、知らないギラギラした犬たちの中で、私の声を受け取ることができるように、私を感じられるように。そうやって一時間半しっかり歩くと、ドッグランに全員放しても問題ありませんでした。

ある程度の緊張感によって脳みそを使い、一時間半歩くと肉体的にも満足度がアップします。一時間弱、一緒に遊んでからそれぞれの家に送る時、彼らはケージの中で寝ています。そうして、また翌日一緒に歩くことを続けること三カ月。飼い主さんとの散歩のトレーニングが始まると、歩きながら犬たちは飼い主さんの顔を見つめます。

「褒めちぎってね！」

そう言うと、普段から褒め慣れているアメリカ人。

愛犬のことをたくさん褒めてくれます。

「もしまた噛んだら、もうこの子の命は無いの……」

そう言って最後のチャンスと、預けてくれた飼い主さん。

あの頃が信じられない！　と笑いながら散歩している時の嬉しそうな顔。

それを感じ取る犬の顔はとっても満足気だし、誇らしそう。

「I am proud of You！」

この言葉も犬たちは大好きでした。

犬を飼うことは、自分自身の忍耐力との勝負

例えば、トイレトレーニングを始める時。

寝起き、ご飯の後、遊んだ後の一五分間、そして夜中。そろそろ行くかな？　というこ とをこちらが見計らい、こちらが望む場所にその子を連れて行き、終わる

まで側から離れず待ちます。

私たち待つ側はすぐに用を足して欲しいけれど、それは目の前の犬のバイオリズム次第。早朝、夜、夜中でも外に連れて行ったり、もしくはペットシートの前で一緒にその瞬間を待たければなりません。

ミッション完了時、この子が理解しているかどうか？　に関係なく、とにかく褒めちぎる。そして美味しい美味しいおやつをあげる。この時にしか出てこないスペシャルなおやつを。

犬の気持ちをわかりたい。そう思ったらやっぱり犬の気持ちに立たなければなりません。犬も私たちと同じように、偉いねー！　良い子ねー！　って褒められたら嬉しい。美味しいものをプレゼントされたら嬉しい。

日本語がわからなくても、飼い主さんの嬉しそうな顔を察する能力は抜群です。

トイレもうすぐかな？　と思ったら、すぐに連れていくようなフットワークの軽さが私たちには大切です。社会性を身につけたければ、わざわざ連れて行くのです。いろいろなところに。わざわざ……です。

最初の頃は人間的な左脳タップリの脳みそが邪魔をして、このくらいはわかるよね？　と愛犬に期待してしまいがちです。次第に犬の並外れたパワーに圧倒されたり、特に子犬の生命力の強さに圧倒されて、愛犬と交わることができない飼い主さんが少なくありません。

犬のアナログなライフスタイルに私たちが近づくことによって、それは簡単に解決できます。

今まで面倒臭いと思っていたことを、一つずつ行動して行くだけ。

それが慣れた時、自分の感覚が犬感覚になっているはず。ようやく愛犬からのサインに気がつくようになると思います。

犬たちの扉が開く瞬間です。アニマルコミュニケーションの世界へようこそ！

犬を飼うことは、自分自身の忍耐力との勝負。当たり前を壊して、頭の中を柔軟にそしてクリエイティブに感じることを楽しむことで、楽しみがどんどん広がっていくのです。

犬と飼い主にとってベストなトレーナーとは？

愛犬のトレーニングを始めてから、様々なトレーナーに出会いました。
それぞれ学んできた理論やテクニックがあると思うのですが、
良いトレーナーとはどんな人たちなのでしょうか？
私たち飼い主が求めていることに対して、犬たちを誘導できるトレーナー。
犬の気持ちや行動をベースに、犬目線で誘導するトレーナー。

理論で犬の行動を変えていくトレーナー。

経験と直感でその犬に合わせた、体当たりで進むトレーナーなど。

どんなトレーナーから学んでも、全てが腑に落ちることばかり。アメリカで学んだ私は、日本の教育とは少し違う学び方をしたかもしれません。

トレーナーたちが教えてくれたことは、全く違うメソッドでしたが、土台は同じでした。今の時点でその犬は全てがベストの状態だと見てくれているのです。

この犬は今の時点で最高の存在であると、認めてくれていました。

決して飼い主さんの飼い方を責めることはありませんでした。

犬も飼い主さんもいったん肯定されるのです。

たとえ凶暴な犬であっても、この子の人格を否定することはしませんでした。

この犬自体が悪いわけではない。原因は環境や先天性のものかもしれない。

ここからスタートしましょう。

そうやって一度全てを受け入れてくれるのです。

犬を否定しない、飼い主さんを責めない、犬の可能性を広げていけること

悪い子と捉えるのではなくて、一度全てを受け入れて個性として捉えると、目の前の犬と飼い主にとってベストな改善策を客観的に考えることができました。

だから、飼い主さんも素直に状況を受け入れやすく、次のステップへ素直に進む人が多数を占めていました。

そのステップとは、トレーニングをしていく中で改善していくのか？

新しい家族を探した方がいいのか？

良いトレーナーとは、飼い主さんと犬たちが幸せな人生を一生送れるように、抑

えるところは抑え、彼らのライフスタイルに即したものに、お互いがストレスを感じない安心、安全、健康的な生活を導くものだと思っています。

「お座り」や「お手」ができなくても、他の犬や人を見ると喜んで走って行こうとしたり、誰かが帰ってくるとワンワン吠えたりしても、この子が飼い主さんの一言でそばに寄ってきてくれる、安心できるような目をすれば、それがその子にとってベストであり、最高のパートナーシップを築いているとも言えるのです。

犬を否定しない、飼い主さんを責めない。

全てを受け入れて、ここからどうしていきたいか？

どんなライフスタイルを目指していきたいか？

一緒に夢を叶え、さらに犬の可能性を広げていけることが、犬にとっても飼い主さんにとってもベストなトレーナーと言えるのではないでしょうか？

彼らが安心と感じてくれることが、はじめの一歩

私たち人間と愛犬の目が合う、身体を撫でたり、一緒に寝たりなどのスキンシップは、最高の行為。お互い心の中で何かが弾けているのがわかります。

私は愛犬や他の犬たちに一三年前、トレーニングを始めた時から続けていることがあります。それは、犬たちと目が合うと、彼らに対してゆっくり瞬《まばた》きをする。

それと同時に心の中で、「大好きだよ」と伝えています。

たったそれだけ？　に聞こえるかもしれませんが、犬たちの表情は一瞬で変わります。犬が私を見て不審な気持ちだったのが、信頼してくれる目線や安心している感覚に変わるのがわかります。

それでもまだまだ、おびえている犬もいます。目を合わせて瞬きと言いましたが、それが全ての犬に通じるか？　と言えば、そんなことはありません。犬たちとは絶対目を合わせないケースも多々あります。初めて出会う人に警戒心を持つ犬に関しては、目は一切合わせません。犬だって私の顔を見ることを避けています。

私も目の前の人に対して居心地が悪い時、目を合わせられません。威圧的な感覚だったり、怒られそうと感じた時、顔をそらして極力目が合わないようにしてしまいます。

犬も全く同じです。居心地が悪い時は目を合わせません。だって、その場にいるのが苦痛だから。私は全く目を合わせないどころか、近寄りにもいきません。あちらから来るまでは私は行かないと決めています。

彼らが安心と感じてくれることが、はじめの一歩。トレーニングも全く同じ。アニマルコミュニケーションの最初のステップです。

犬から学ぶドッグトレーニング②

たくさん遊んで、たくさん休息をとること

⑧ Tired Dog is GOOD DOG! これは健ちゃんのトレーナーのイナから教えてもらった言葉。アメリカでも日本でも問題行動のセッションで多かったのは、犬たちの運動不足が原因で問題行動に発展したものでした。

特に日本はアメリカに比べて、外で遊べる場所がないこともあるのですが、ペットは小型犬が多く運動はあまりしなくても良いと、ペットショップやブリーダーから引き取った際に言われていたという話を数多く聞きました。

犬は犬です。四本足は歩くため、走るためにあります。家の中だけではなく外の空気を吸って思いっきり走ったり、外の空気が気持ちの良い時間に飼い主さんとたくさんのお散歩したり、遊んだりすることが何よりも喜びです。

犬たちの体力は私たちの想像をはるかに超えて、タフです。たくさん遊んで、たくさん休息をとることで犬たちの幸せ指数は上がり、いたずらや問題行動に発展する確率はグッと減ります。

毎日運動不足で、お留守番しているわんちゃんが多い今、私がアメリカでしていたような、代行散歩をお願いすることも可能です。

⑨ご飯を食べない。
私たちも毎日同じメニューだったら飽きてしまうように、犬の味覚も同じです。ドッグフードは数種類用意してレパートリーを増やしてみる。様々な種類を食べることによって、一種類では取りきれなかった栄養素が取れることもあります。バリエーションの多い食事は犬たちにはとっても嬉しいことです。またアレルギー予防にもなります。

⑩ご飯を食べない。
そこには、このご飯が嫌い、飽きてしまった、という背景も存在しています。今のものよりもグレードを上げてみては？　でもあまりにも食欲不振が続くよ

うでしたら、獣医さんに一度見てもらってください。

⑪水を飲まない。
そのお水が合わないのかもしれません。お水の種類を変えてみてくださいね。

⑫犬たちは少しずつ衰える。
犬たちの老化現象として、耳が聞こえにくく目が見えなくなることが多いです。しかし、その分嗅覚に神経が集まり、より鋭くなると言われています。急に見えなくなるのではなくて、徐々に衰える視界、犬たちは身体で家の感覚を覚えているのと、匂いをたどって、日常生活の中でどこに何があるか感覚を使ってたどっていきます。

以前ペットシッターをしていた家の犬は一六歳で、目も耳も全く見えず聞こえず、でしたが、私が二階でシャワーを浴びると決まって、いつの間にか一階からやって来てバスルームのドアの前で丸くなって寝ていました。犬たちの感覚は私たちの想像をはるかに超えています。

⑬犬たちは成長が早い分、飲み込みも早いのですが、その分悪化するのも早いで

す。トレーニングにしても、身体の疾患にしても、成長や回復も驚くほど早い場合もありますが、その反対もあります。我慢強い犬たち。日常の様子をしっかり観察して変化に早く気付く必要があります。

⑭犬が外の音や人が通ると吠える時。

犬たちの目線に目隠しをしてあげてください。毎日それが続くと、吠える声も頻度もどんどんエスカレートし、やがて犬たちは家の中で落ち着きを取り戻すことが難しくなり、ストレスを溜めた状態で生活することになってしまいます。

7章

病気にならない身体を作るために

犬のエネルギー循環はどうやって？

三〇年近く前イギリスに留学していた時、ホームステイの母から聞いた言葉が未だに忘れられません。

「イギリスでは動物虐待した人は、精神病院に送られるのよ」

これが本当かどうか、調べたことはなかったけれど、この言葉は今でもずっと心の中に存在しています。

まさかあの頃、今の仕事をすることとなんて想像もつかなかったけれど――。

私が滞在していた時から、イギリスは動物愛護の国であり国民が誇りに思っているということも、教えてもらいました。

ロンドンの公園にはいつもたくさんの犬が散歩していて大きな犬も小さな犬も、リードを付けずに飼い主さんの横にぴったりくっついて歩いていたことが、とても印象的でした。

たまに、犬が公園の中を走り回る姿を見かけると、他の犬たちが一緒に走り周ることなく、飼い主さんの許可が出るまでは側から離れず素知らぬ顔で、歩いている犬たちを見て大変驚きました。

ロンドンの街中を歩いていても、すれ違う度に声をかけられている犬たちは多く本当に動物愛護の国だと目の当たりにしていました。

それからアメリカへ渡り一三年前に、私は愛犬の健ちゃんと出会い、生活の中心が健ちゃんに変わりました。

よほどのことがない限り、彼を預けてどこかに旅行に行くことなどはせず、いつも一緒に行ける場所を見つけるところから旅行のプランを立てていました。

初めてキャンプをした時、テントで寝るのは大丈夫なのか少し心配しましたが、自然の中でぐっすり寝ている姿を見て、むしろ家の中よりも快適なのではないか？　と思ったり。深く寝息を立てて、起きると目がキラキラして頭も冴えている姿を見て、緑の中は彼らにとってのディズニーランドなんだと実感。

私たちは慣れすぎて鈍感な部分もあるのかもしれない。でも犬たちにしたら家の中で感じるものが多すぎるのではないでしょうか。

彼らに必要なのは外に出て電磁波を放電すること

多くの犬たちに対して敏感に感じるのは電磁波。電磁波は下にたまります。犬たちは寝るのも食べるのも、遊ぶのも床ばかり。

そして、ホコリも下にたまるために、静電気が発生する。床に這う犬たちの身体に反応がないわけがない。静電気が起こる犬たちも多いです。

静電気は、身体の中がマイナスイオンではなくてプラスイオンでいっぱいの時に発生します。

私たちの何分の一しかない小さい四足歩行の犬たちが、その静電気に影響を受けていないわけがない。

彼らには、外に出て放電することが健康を維持するためには重要です。

日本に帰国してとても驚いたことは、犬と散歩をすることを面倒くさいと感じている飼い主さんたち。それから、小さな犬に関しては散歩が必要ないと本気で思っている飼い主さんたち。

アメリカでは、「私は嫌いだけど、うちの子は運動が必要だから」と言って、散歩に費やす時間をお金と変えていました。

日中仕事に出かけたり、散歩が苦手な飼い主さんは代行散歩が当たり前でした。

自分がしないのであれば、信用できるプロに頼み、飼い主の責任を全うする。

犬たちは週四日トレイルを一時間半近く歩くと、すごく嬉しそうに充実した顔で家に帰って行きました。

迎えにいく度に、嬉しそうに玄関まで走って来るのです。

どの犬も必ず「お散歩に出かけたい」と言う

子供の頃から犬を飼っていた私は、犬の散歩に出かけるのは当たり前であったし、それが犬を飼う条件でした。

しかし、今の日本の犬たちはどのくらい散歩に出かけているのでしょうか？

都会の犬たちは外に出ないで家にいて、田舎の犬たちは外に繋がれているけれど、歩くことはない。どちらにしても、犬たちが四つ足を使って歩くことが少なく、歩いてもせいぜい二〇〜三〇分程度。

私が個人セッションで尋ねる度に、必ずと言っていいくらいに、どの犬も「お散歩に出かけたい」と言います。

そう、圧倒的に運動不足なのです。四足歩行の犬は歩くため、走るためにあの体になっています。

犬の成長は早いのです。子犬の頃からあまり歩かないでいると、運動不足の犬たちはあっという間に筋肉が衰え、足腰が弱くなって後ろ足から歩けなくなります。

運動不足は犬だけでなく、私たちにも言えるかもしれません。

私が住んでいたアメリカは、医療費が高額なため健康に対する意識がとても高いと感じました。

西海岸は車社会でもありましたので、積極的に自分から運動をしている人が多く、太っているイメージのアメリカ人とは程遠い、引き締まった骨格のいい体型のアメリカ人が急激に増え、犬と一緒にジョギングする姿を見かけることは少なくありませんでした。

私たちも外に出るとスッキリするように、犬たちは私たち以上に外に出るとスッキリします。

動物とのコミュニケーションに欠かせないのは、ストレスをためないこと。今の自分の気持ちに敏感であること。どう感じているかを知ることです。

犬に癒しを求める人が多い今、犬たちも飼い主さんのストレスをいっぱい浴びてしまいます。お互いのバランスを取るためには、外で充実した時間を作ることが大事。

お互い心と体のバランスを取ることによって、信頼関係が生まれ、犬がいてくれることの大切さ、そして責任を実感できるのではないでしょうか？

愛犬の体調管理は、飼い主さん次第

アニマルコミュニケーションほど、わかりやすい体調管理はありません。
体調に関しては、愛犬が教えてくれます。

例えば、

獣医さんからもらったクスリが効かない。
――身体がそのクスリは合わないと言っている。

ご飯食べないけどおやつは食べる。
――そのご飯が好きではない。

トリミングに行くとおびえる、ふるえる。

——その場所やトリマーさんがとても苦手。
トレーニングに行くと、言うことを聞かない、集中できない。
——そのトレーニングが合わない。
散歩の途中で歩かなくなる。
——その散歩自体がつまらない。
　歩くルートが苦手。
いつもと様子が違う。
——いつもと様子が違うことには気づいてほしい。
ご飯を食べると太った、もしくは痩せた。
——ご飯の量が多いだけ、もしくはその反対。
健康管理の答えは全て目の前の愛犬からわかります。

ネット情報や価値観で見てしまうと、愛犬からのメッセージを受け取りにくくなってしまいます。

かかりつけの獣医さんから言われたことは絶対！　と信じてしまいがちですが、全て答えは愛犬が知っています。合わない薬、合わない治療、合わない食事。

愛犬の答えを受け止められるかどうか、まず私たち自身をチェックしなければなりません。

人の話したことや情報に振り回されて、コロコロ自分の意見が変わっていないか？

自身の判断基準の重心はどこか？

そこがアニマルコミュニケーションの分かれ道です。

症状が出ているからと言って、何かを身体に入れるのがベストではない

サプリメントの使い方、間違っていませんか？

愛犬の健康を考える飼い主さんは多いと思います。

健康を維持するのに、人間と同じようにサプリメントを摂取する犬たちも少なくありません。

少しでも健康で長生きして欲しい、それは飼い主さんの願いでもあります。

しかし、実際のところ、それは本当に愛犬にとって大事な栄養素なのか？

いろいろな情報が蔓延している中で、ベストな選択をするのが難しいのが現実です。

個人セッションの中で、私はサプリメントやフード以外の栄養素を投与している飼い主さんに数多く出会いました。

ある自閉症の犬と出会った時のこと。

その場に居合わせたのがたまたまサプリメントを販売している方で、この自閉症の犬に対して自社のサプリメントを使用して欲しいと言われました。

自閉症に効果が高い、身体に何かしらの症状が出ているから、何かを投与することで改善されると信じているその方の言葉は、なぜかすんなりとは私の耳に入ってきませんでした。

少しでも症状が良くなるのであればと、このサプリメントを使って実験的に試すことを考えておられました。

けれど、その犬からのサインはＮＯ！

それは、本当に自閉症に見られる行動なのか？

それとも他に原因があって行動に現れているのか？

行動に対して、周囲の人たちが対応できる方法を伝えて欲しい。

それがこの犬からのリクエストでした。

まず原因を探り、的確なアドバイスをする。サプリメントが必要かどうかはその次であり、また摂取するかどうかは犬の判断に任せたらいい。

私は、この犬の中で混乱した回路を通すことの方が重要だと感じました。

身体やメンタルのどこの回路が混乱しているのか？

「何をすれば私たちの思いが伝わるか、またこの子のメッセージが伝わるか」

まずはそこから……

やはりアニマルコミュニケーションが突破口です。

個人的にも、私自身なるべく何かを投与して症状を抑えるのではなくて身体の中の治癒力を引き出すお手伝いをしたい。

確かに、薬やサプリメントが必要な犬たちも大勢います。けれど、それらがないと私たち人間と同じように健康を維持できないとか、それを使えば症状が消えるわけではなくて、身体やメンタルの部分のどこの回路が混乱しているのかを知ることの方が先だと考えます。

まずは目の前の犬の行動からその紐解きをしていくことの方が、コミュニケーションをスムーズにし、答えが導かれます。

そこから始めて、改善を試みるのが私のやり方。そこから動物たちの可能性を広げて、才能を開花できる。私はそう感じています。

その犬の意識体とアクセスしリーディングを始めると、そこには心にぽっかり穴が空いたような寂しいという気持ちが子犬の頃から続いていることがわかりました。

子犬の頃に、母親から引き離されて、一人ぼっちで誰も知らないペットショップで過ごしていた時の記憶が見えてきました。

「今は一人じゃないよ。みんなが一緒にいてくれるからね」

今度は行動学の観点からこの子の行動に変化をつけていきます。

私は床を両手でパタパタと叩き、この子の注意を引きます。

その音につられてやって来ることを繰り返しました。

最初は音にあまり気づきませんでしたが、少しずつ音に反応を見せてきました。

パタパタパタパタパタと繰り返していくうちに、その音と手の動きにフォーカスし始めました。

犬たちは、目の前にいる存在に寄り添うことを何より望む

そのうち、パタと一度叩いただけでも、向こうからやって来るようになり、徐々に注意散漫だった目の焦点が合い始め、一時間もすると他の犬と変わらない行動へと変化が見えてきました。

突然、寂しさが増し、自虐行為を行うことで不安から逃れるために痛みを自ら作っていたのが、原因を突き止められたことと、音の反応により夢中になれる楽しいことが見つかったことで、徐々に自虐行為はなくなってきました。

今の自分は寂しくない、誰かが寄り添ってくれる。

そして聞こえる音に反応することでワクワク感が増して、どんどん自分に集中してメンタルな部分に満足度が増してきました。

シンプルなゲームですが、この子にとっては何よりも強力な特効薬だったのです。

サプリメントはこの子の言う通り、必要ありませんでした。

何か症状が出ているからといって、それを覆うようにして改善を図っても、根本的な部分が治癒されていなければ何の解決にもなりません。

それよりも目の前にある心の痛みや問題行動から目を背けず、こちら側が受け入れられる体制であれば、犬たちは心を開いて教えてくれます。

情報の引き出しを持つことはとっても大切ですが、犬たちはまずは目の前にいる私たちに寄り添うことを何よりも望み、私たちにメッセージを伝えることを喜びとしているのです。

犬たちは、アニマルコミュニケーションが大好きな生き物なのです。

美味しい食事は犬たちの喜びにも繋がる

アメリカでも日本でも、ペットフードを重要視していない飼い主さんと出会うことが数多くありました。

私たち同様、食事の質は犬たちの血となり肉となり、肉体的にも精神的にも、そして人格形成にも大きく影響します。

食事の質を上げるだけで、問題行動が軽減される犬たちにも数多く出会いました。

コンサルティングの中で、最も多い犬たちのリクエストは、

「もっと美味しいご飯が食べたいよ」

私自身、質の高い食事と十分な運動と休息が取れる環境づくりは、ドッグトレー

ニング以前に重要視していることです。

健ちゃんの場合、食事は毎日違う種類のフードを食べています。ローフードを基本とし、毎日種類の違うお肉に加え、週に一度は魚の日、それから、なまの骨の日もあります。最近はボーンブロス（骨を煮込んだスープ）などもおやつに加えています。

様々な種類を食べることによって、一種類では取りきれなかった栄養素が取れることもあります。

以前、犬たちに言われたことがあります。

「僕たちだって贅沢したいよ」

これは豪華な食事を望んでいるのではなく、犬たちが毎食楽しみ！　と思えるような様々な食材を楽しみたいと言っているのだと感じました。食事の質は値段と比例します。良質な食事は健康な体を維持します。

また美味しい食事は犬たちの喜びにも繋がります。

犬たちも毎食同じ食事では飽きてしまいます。

私たち同様、美味しい！　という感覚は持っているのです。

食事に興味がない愛犬の場合、質や種類を変えるだけでモリモリ食べ始めるのと同時に、心の満足度が一気に上がることが多いのです。

その姿を見た飼い主さんの喜ぶ姿を見て、犬たちも喜びに満ちあふれた姿に変わります。

愛犬と飼い主さんの喜びの循環が信頼関係を結び、犬たちが薬に頼らなくてもいつまでも健康を維持することができます。

犬たちは成長が早い分、改善に向かうのは早いのです。また反対に、悪化する時もとても早いと言えます。

トレーニングにしても、身体の疾患にしても、成長や回復も驚くほど早い場合もありますが、その反対もあります。

我慢強い犬たちの、日常の様子をしっかり観察して変化に早く気付く必要があります。

ネットやSNSの普及で、様々な情報が飛びかい、私自身、今まで常識だと思っていたことが実はそうではなかったということを知る機会が増えてきました。

ただ、情報だけに頼るのは危険だと思っています。

情報だけに頼ってしまうと、目の前の犬たちからのメッセージを感じる感覚が曇ってしまう場合があります。頭で正しいと思っていても、目の前の犬たちにはそうではないことが多々ありました。

それぞれの犬たちがそれぞれの答えを持っている。

それがベストアンサーではないでしょうか？

この水が飲みたい！

「お水を変えて！」

とセッション中、何度も何度も私に伝えてきた一五歳のダックスフンド、グラント。

飼い主さんはアメリカ在住の日本人。

最近具合が悪いのは高齢だからなのか、もしくは寿命なのか？　心配になり、ご依頼をいただきました。

グラントは一五歳とは思えないほどとても活発で、私の家の裏庭を全速力で何往復も走っていました。

数年前に、日本から飼い主さんと共に渡米したグラント。肉体的にも元気で、まだまだ飼い主さんとアメリカ生活を楽しみたいと話してくれました。

そのためグラント自身、自分の健康管理にはこだわりがあり、自身が飲むお水を指定してきたのです。このメッセージを聞いた時、私は耳を疑ってしまいました。

「なんで、そんなことまで知ってるの？」

「一体それはどこで手に入るの？」

聞き間違いではないか？　と思い、グラントに何度も聞き直しましたが、メッセージは同じで私の頭の中は混乱してしまいました。

飼い主さんに伝える前に、最後にもう一度、カリフォルニア州で手に入る上質な水やミネラルウォーターのブランド名を一つずつ挙げてみました。

しかし答えは全てＮＯ！

なかなか飼い主さんに伝えようとしない私に痺れを切らしたグラントは、早く伝えるように命令してきました。

私はおそるおそる、

「信じなくても結構ですからね……。

あの、無ければ無い、知らなければ知らない、っておっしゃってくださいね」

「あの……グラントが水素水を飲みたいと言うのですが……。

水素水なんて知りませんよね？」

当時、日本で流行り始めた水素水、アメリカではまだ知られていませんでした。

グラントが水素水を飲みたいと伝えてきた時、私は頭の中で完全否定をしてしまっていました。

「ああ、水素水ですか？

うちにたくさんありますよ～！」

「私の父が水素水の会社を始めたので、毎月送られてくるんです」

「うちの子、贅沢ですね～！」

「え？　そうなんですか？」

「ぜひ、そうしてください。グラントが飲みたいと言っています」

「わー！　私も一緒に飲まなきゃ！」

犬たちは自分の身体が今、何を必要としているか一番知っているのです。

エピローグ

私が出会った、うしろ姿の神さまたちへ

私がまだ北カリフォルニア州のサンタローザという、カリフォルニアワインの産地でもあり、スヌーピー発祥の街に住んでいた時、「犬はうしろ姿の神さま」という言葉に出会いました。

犬は英語でDOG、神さまは英語でGOD、
犬はうしろ姿の神さまなんだ。

アダムとイブがエデンの園にいた頃、神さまは「君たちに大切なパートナーを送ろう。私（神さま）に会えなくても、愛を忘れずにいられるように」と授けてくださったのが、GODを逆さまにしたDOGだっ

たそう。素敵ですね。

その言葉と出会って間もなく、私は「うしろ姿の神さま」我が愛犬のパグの健ちゃんと衝撃的な出会いに恵まれました。

私がこの小さな神さまと出会った時、
この子が、生まれてきて良かった！　と、目一杯この世で楽しんでもらえるためには私にできることはなんだろう？
これから先、仲良く一緒に楽しく暮らしていくには
どうしたらいいのだろう？
まだ小さい、この神さまのために私も人生を一緒に楽しみたい。

健ちゃんとのジャーニーが始まりました。

一三年前、あの頃の私が今日まで多くの「うしろ姿の神さま」に出会うなんて想像もしていませんでした。あの日から私の人生は変わりました。

二〇一九年一月、私は日本に帰国しました。

健ちゃんと楽しんだ時間、場所、経験を日本の犬たちと共に作り上げてみたい。

もしも健ちゃんが日本にやって来たら、私は健ちゃんと真っ先にどこに行きたいかな？

健ちゃんが喜ぶ場所はどこだろう？

健ちゃんが美味しいって食べるご飯は何かな？

健ちゃんと歩いていて楽しい街はどんな街なんだろう？

健ちゃんの日本のお友だちはどんな犬だろう？

そう毎日思い描く世界を実際に作ってみたい、けれど一人では到底無理。

だから私は夢を現実に作り上げる仲間が欲しい！　そうやって試行錯誤しながら、個人セッションの他にセミナーやアニマルコミュニケーションのクラスを始めました。

健ちゃんが喜ぶ世界は、犬たちの天国に違いない。どの犬たちにも喜んでもらえるような、パラダイスができるように、神さまが与えてくれた贈り物と共に楽しめるように実現に向けて、ゆっくり一歩ずつ。

二〇二〇年に入り、コロナウイルスの影響で様々な価値観が変わりました。私の中でも大きな葛藤があり、しばらくの間、何もしたくない状態が続きました。リセットの時間。

その期間中、私が本当に思い願うこと、お腹の底から湧き上がる情熱がもう一度目を覚まし、実現に向けて新しい形で始めていこうと、一歩踏み出しました。

「一緒に遊ぼう！」

健ちゃんをはじめ、今まで様々な動物から受け取った共通のメッセージ。

私には人生を楽しもう！　って言われている気がします。

うしろ姿の神さまと一緒に遊べる世界を目指して。

最後にこの本を出版するにあたり、多大なるご協力をいただきましたＫＫロングセラーズさんに感謝を申し上げます。

「犬」たちが伝えてくれる本当の気持ち

著　者　　関根友希子
発行者　　真船美保子
発行所　　KK ロングセラーズ
東京都新宿区高田馬場 2-1-2　〒 169-0075
電話（03）3204-5161（代）　振替 00120-7-145737
http://www.kklong.co.jp

印刷・製本　　大日本印刷（株）

落丁・乱丁はお取り替えいたします。※定価と発行日はカバーに表示してあります。

ISBN978-4-8454-2466-5　Printed In Japan 2020